BUNKO

私の保守宣言

My Declaration of Conservatism

和田秀樹

WAC

はじめに　自民党が圧勝し、「安倍一強」が続くからこそ言いたいこと

二〇一七年十月二十二日の衆議院選挙は、全体の議席が減った中、自民党は公示前とほぼ同数の議席を得て、自公連立政権で、衆議院の議員の全体の三分の二を超え、憲法改正の発議が可能な状態を維持するような、まさに圧勝となりました。

希望の党が民進党と合流するにあたって、踏絵といわれる条件を各議員につきつけ、保守二党による政権選択選挙とされましたが、結局、その踏絵とか排除が嫌われ、希望の党は失速して、もとの議席を維持することもできませんでした。リベラルを標榜《ひょうぼう》する立憲民主党が野党第一党に躍り出て、久しぶりに「保守対リベラル」という構図も生まれましたが、その立憲民主党も、五十議席をちょっと超えるくらいの勢力で、自公連立政権は盤石《ばんじゃく》と言っていいでしょうし、希望の党や維新の会を合わせると保守の圧勝といってもいいのは確かです。

このように、まさに保守の時代が続いていますが、実は、民主党政権が終わり、第二次安倍政権が始まり、多くの保守論壇の人が期待を寄せてきた保守のホープがリーダーシッ

プを執《と》る真性保守の時代になってから、「保守」を自認している私には違和感が残り続けるようになってしまいました。

私自身は、日本の高い学力を「守る」ためにゆとり教育反対運動を京都大学の西村和雄教授（当時）や慶応大学の戸瀬信之教授らと始めて以来、保守論陣の仲間に加えていただくことになったのですが、それから、かれこれ二十年が経《た》ちます。産経新聞の「正論」メンバーに起用していただいたり、櫻井よしこさんや故渡部昇一先生とも対談本を出させて戴き、二〇〇四年には『正論新風賞』をいただきました。

そういう私が、安倍内閣の批判をしたり、貧困問題に取り組んだりするため、左傾化したという批判を受けることがあります。しかしながら、私としては、保守同士の批判があってはいけないと思いません。また、格差撲滅《ぼくめつ》をしながら驚異的な経済成長をなしとげた（中国をみるとわかるように急速な経済成長の副産物として、必ず格差問題が生じるのは世界的な傾向です）のは、自由民主党の最大の功績だと思っています。つまり自民党は日本から貧しい人がいないようになるように腐心してきた政党だったはずです。

そもそも、本来、共産化を防ぎ、「自由」を守る政党であったはずの自由民主党が、マスコミに圧力をかけているとされ、少なくともある種の団体による調査ですが、言論の自由の世界順位も大きく下がっています（「国境なき記者団」などによる、こうした調査結果に関しては、いささか短絡的で杜撰《ずさん》だと批判する向きもありますが)。この調査に保守の人たちは批判的ですが、私自身もテレビのコメンテーターをやっていたので痛感するのですが、言いたいことは言わせてもらえないし、もはやテレビの生放送の出演依頼は皆無になったという経験から、やはり言論の自由は損《そこ》なわれているという実感はあります。

先日、「I am not Abe」で有名になった古賀茂明さんとお話しする機会がありましたが、報道ステーションを降りてから一回だけMXテレビにでたそうですが、すぐに降ろされたそうです。やはり、多少の圧力があるのではと疑ってしまいます。官邸の意向なのか、テレビ局の幹部が勝手に忖度《そんたく》してなのかどうかはわかりませんが、自由を大切にする保守のあり方と逆行しているように思えてならないのです。そもそも社会主義陣営があったころは、われわれは自由主義陣営と呼ばれていたのですから。

私は保守を自認しながら、安倍政権のアメリカべったりの外交姿勢や、東大を含めてすべての国立大学をAO入試化しようという教育政策や、中国など外国に日本の企業や土地を買いやすくすることにつながる円安政策などに批判的です。これにしても、安倍一強と言われるようになって以来、小選挙区制以降の自民党の派閥の力の急激な低下もあいまって、保守同士の相互批判がほとんど見られなくなった気がしてなりません。

実際、安倍政権を批判したり、「もりかけ問題」について言及したりすると、保守でないような言われ方をするのですから。

そこで、私は保守とは何かを考えてみたいと思いました。

保守による二大政党を標榜する小池百合子氏と希望の党の仲間に入れるかどうかの「踏絵」は、憲法改正と集団的自衛権に賛成するかどうかでした。

私は、それが保守かどうかの線引きにはならないと考えています。

中身を問題にするのでなくアメリカに押し付けられたという手続き論を理由に憲法を改正するかどうかを論じるのは本末転倒なことと思っていますし、北朝鮮のような狂犬がいるにしても、冷戦後二十年年以上が経過し、中国も含めて世界的に資本主義化した社会で「国を守る」とは軍事的に国を守るより、海外企業などから日本の企業や土地を守るほうが大切であるという立場にいます。

保守というのは、守るべきものがあってこそ成り立つ概念です。

守るべきものなどないひどい政治をやっていた国や文化をもたなかった国なら、なんでも外国のマネをして改革と言うことでしょう。そういう国には保守なんてないはずです。

私の見るところ、日本の保守というのは、資本主義を守るという立場だったのかもしれませんが、冷戦が終わり、またむき出しの資本主義の弊害が目立つようになってきた現在、それが保守のレゾンデートルとは思えません。たとえば、国より私有財産が大切な人に税金を上げると国を出ていくぞと脅された場合、それを是とするのがはたして保守と言えるのでしょうか？

日本は、戦後の成長期には地方税も合わせると最高税率八八％なんていう時代がありましたが、国の発展のために文句を言う人はほとんどいませんでした。そういう過去を守りたいというのも保守といえる気がします。

前述のように自民党は、驚異的な経済発展と格差是正（貧富の差だけでなく都会と地方の格差も解消してきました）を両立させた素晴らしい政党です。名前を変えることなく六十年以上も続き、長期政権が続きながら、大した腐敗もなく、秘書が選挙区を回ることを通じて庶民のニーズを拾い集めて、それに応えてきた素晴らしい政党でした。確かに世襲もありましたが、努力もしないで世襲というのを嫌い、ハードな受験勉強に勝ち抜き、官僚などになってからという人は珍しくありませんでした。そういう伝統を守ってほしいというのも保守かもしれません。

ただ、懐古主義とは違い、過去はなんでもよかったという風には私は考えません。

また、日本の文化や考え方を守るというのでも、戦前を美化するのか、あるいは歴史と古い文化があることを誇るのかで考え方は違ってくるでしょう。

要するに、私は保守の人間として、日本の過去のどこがよくて、どういう点を守るべきかの試案を提言したいのです。

たとえば、江戸時代以降の世界に誇る庶民の知的レベルの高さはぜひ守りたいものです。そのほか、文化やものの考え方、道徳など私なりに思うところを書かせていただきました。もちろん、自由を守るというのが保守論陣の基本的な考え方でしょうから、私の意見を押し付けるとか私だけが正しいというつもりはありません。

ただ、安倍政権が強くなって以来、保守の人たちの言うことが、一方向化しすぎている気がするので、あえて考える材料にしてもらえれば著者として幸甚《こうじん》この上ありません。

本書のような奇書の編集の労を取ってくださったWAC（ここは保守論壇の中でもユニークな本をいくつも出していることを注目していました）の仙頭寿顕編集長と神岡安紀子さんには心から深謝いたします

二〇一七年十月

和田秀樹

私の保守宣言

◉目次

第三章　日本人の道徳と治安のよさ　91

中野学校出身者はどこに消えたのか

情報機関をつくり、日本の宣伝に力を入れるべきだ

産業スパイとして訴えられた日本の医学者

「日米安保条約があるから守ってもらえる」と思うのは甘い
できの悪い子を減らして国を強くする
子どもが日本に誇りを持てるようにする
根拠のない自信がうぬぼれを生み、うぬぼれが油断を生む

装幀　ＷＡＣ装幀室（須川貴弘）
編集協力　菅原昭悦

プロローグ　「保守」とは何か

二分割思考ではない保守論を求めて

私は日本がいい国だと思っています。愛しています。オリンピックでもワールドカップでも、国際試合があれば勿論、日本は外国に勝って欲しいと思う。二〇〇四年七月の重慶での日中サッカー試合（ＡＦＣアジアカップ）で、反日感情を剥《む》き出しにした中国には呆れました。そんなふうに、外国に舐《な》められたら腹が立つ。だから、自分では保守のつもりですが、いま、この国では、納得できるような「あるべき保守論」が浮かんで来ていないという印象を持っています。

そもそも「保守」とは何でしょうか。「保守」という以上、基本的に「守るべきもの」があるから保守だろうと思います。

何が「守るべきもの」なのか。ここが大きな問題となるのですが、われわれが「守るべきものは何か」を考えるとき、注意しなければならないのは、日本で「二分割思考」で物事をとらえる傾向が強い点です。

二分割思考とは「白でなければ黒」というような、グレー・ゾーンのない単純な考え方です。これは、私の専門分野の精神医学の世界では「不適応思考」の一つと考えられ、認知療法という心の治療法の対象とされます。要するに、「心の病」の原因として捉《とら》えられているわけです。

たとえば、味方だと思っていた人から少しでも自分が批判されたとき、二分割思考の人は「あいつは敵になった」という感覚を持つ。味方がいつも味方でいるわけではないし、たとえ味方であっても、少しばかり批判することは起こり得ます。また、ちょっとした意見の相違が生じることもある。でも、そういう人は、「味方だけれど、あえて少し批判することもあるんだ」「百％味方と思っていたけれど、八〇％ぐらいの味方だったのか」というふうに冷静に考えることができません。だから、味方だと思っていた人にちょっと批判されただけで、二分割思考型の人は落ち込んでしまったり、逆に裏切られたと激しく怒ったりするのです。

ちなみに、日本人に多い「メンタルヘルスによくないパターン」と言われているのが「二分割思考＋完全主義」で、たとえば在宅介護の場で深刻な問題を引き起こすことがあります。

二分割思考に完全主義が加わるとどうなるか。二分割思考では「百点か、百点でないか」のどちらかですが、そこに完全主義が加わると「百点ではない＝零点」と思ってしまいがちです。完全主義の人にとって、百点でなければ零点と同じ。九十九点だって満足できない。だから、親に対して完全な介護ができていないと、「自分は子ども失格だ」などと思って、落ち込んだりするわけです。これは親の介護をするために仕事を辞めた、五十代ぐらいの独身の男性で、高齢者専門の精神科医としてしばしば見てきたことです。

話を本題に戻すと、「右でなければ左」「敵でなければ味方」あるいは「改革派か抵抗勢力か」という二分割思考ではなく、「ここは守らなければいけないし、ここは改革しなければいけない」と考えるほうが当たり前だと私は思います。いくら保守の人だからといって、すべてがこれまで通りでいいと思っていないだろうし、懐古《かいこ》主義的に「過去は全部正しく、いまは全部ダメ」というのは極論です。「過去のどこがよくて守らなければいけないが、過去と比べたら、いまはこういう点でよくなっている」というふうに捉えるほうが、心理学的に見て柔軟な思考と言える。したがって、「太平洋戦争」や「戦後民主主義」等を考える上でも、二分割思考ではなく、「ここの部分は是認できるが、ここの部分は否定する」という是々非々の視点から、私は保守論を考えてみたいのです。

日本の論壇では「何を守らなくてはいけなくて、何を変えなければいけないか」という議論なしに、「改革だ」「保守だ」といって言葉が一人歩きしている気がしてなりません。結局のところ、日本人が「守るべきもの」と「変わらなければいけないもの」の双方を見失っているのでしょう。だから、「アメリカ型に変えないといけない」と主張する観念的改革論者や、逆にものすごい伝統主義的保守論者が出てくる。

いま、われわれは「守らなければいけないもの」を考え直す試みが必要だし、その際に「守らなければいけないもの」以外で変えるべきところは変えたほうがいいという考え方を持つべきだと思います。

職場環境の改善にしても、いっぺんに二つも三つも変えると、何がうまくいったかがわからないから、まずは一つだけ変えてみるはずです。

たとえば、トヨタは「カイゼン」で世界一の生産性を誇る自動車工場を作っていったわけですが、その際、「机の高さを十センチ上げたほうが、作業効率があがるのではないか」と考えたら、今日はそれだけを変え、昨日より作業効率が上がったら正式に採用するし、前のほうが作業効率がよかったなら元に戻す。そして、もう一回、別の改善をやる。「変えたほうがいいもの」があるとしても、すべてをいっぺんに直すのではなく、一つずつ変えてみることを積み重ねて今日の時価総額日本一（二位の会社の倍を誇っています）のトヨタがあるのです。

「古い歴史を持ち、伝統のある国」というアイデンティティ

もう一つ、私が考え直したいのは、「どの時点の日本を理想とするか」「どの時点の日本がよかった国なのか」という点です。

安倍晋三首相ご自身はともかくとして、その周辺の支持者の動向を見ていると、戦前の日本が拡張主義でアジアに進出していた時代をよしとしているような印象を受けます。もちろん、いろいろな考え方があるでしょうが、私の見るところ、そうなのです。

安倍首相は長州（注1）の人です。長州は明治維新の主役の一つとなった藩であり、そこに立脚するならば、明治時代より前の江戸時代の日本に「古きよき時代」を求める発想が乏しいのではないか。いわゆる「古い日本」というより、日本が明治維新を終え、アジアの名士のようになった時期の日本を理想化しているように見えます。

明治時代以降の日本を理想とするのも一つの考え方ですが、水戸藩の国学（注2）の人たちがものすごく古い日本を大事にしたように、「日本という国は古い国だ」という考え方もあります。日本の起源を二千六百年前に求めるのは、いくらなんでも神話の時代だから誇張と言われるかもしれないけれど、少なくとも私がアメリカに留学して感じたのは、ア

メリカ人が日本を「伝統の国」と見て尊敬してくれる人が少なくなかったことです。外国の人がイメージする「古い歴史を持ち、伝統のある国・日本」の主柱となっているのは皇室であり、それゆえに「皇室外交」が極めて有効に働くし、「皇位がどうなるか」「皇統が絶えてしまうのではないか」と、みんなが心配するのは、日本人自身が「私たちの国は古い国だ」というアイデンティティを、どこかしらＤＮＡのような形で持っているからだろうと私は捉えています。

そうだとすると、「日の丸」「君が代」を重視するのは矛盾だと思います。江戸時代末期から明治時代になって、日本が近代国家の仲間入りをした時点で、「国の旗」や「国の歌」を否応なく、つくらなければいけなくなった。それは悪いことではないのだけれど、国旗や国歌が日本のアイデンティティたるかものと考えた場合、実はそうではないはずです。日本人のアイデンティティが「日の丸」や「君が代」ではない時代が長い間続いてきたことを、我々日本人は忘れてはいませんか？

たとえば、戦国時代の武将が家紋などを旗にして掲げても、日本という国の旗はなかった。江戸時代に入って、徳川家の紋の旗や各藩の旗はあったとしても、日本全体の旗は聞いたことがありません。かといって、日本が統一国家でなかったかといえば、そうではない。「日の丸」や「君が代」はそれほど価値があるのかと、ついつい私などは疑問に思ってしまいます。

アメリカのように英国から独立し、多民族国家で、歴史の浅い国が、国家や国旗にアイデンティティを求めるのは当然かもしれません。しかし、日本は「日の丸と君が代を大事にしろ」というより、「みんなでせめて国民の祝日くらいはちゃんと着物を着ようよ」と言ったほうが、私にとっては自然です。「国旗に敬礼しろ」「国歌を歌わないやつは日教組、アカだ」などと言われるけれど、国旗も国歌もアメリカのような歴史もない多民族の国における意味とは違うのではないでしょうか。

そこも含めて、日本人のアイデンティティは何かということを、考えなければいけないと思います。

注1　長州　江戸時代に周防国・長門国を領した毛利家を当主にいただく藩。幕末に討幕勢力の中心となって活躍し、長州出身者は明治新政府の主流を占めた。

注2　水戸藩の国学　御三家の水戸徳川家で培われた学問で、「水戸学」と呼ばれ、朱子学、神道、国学を包含した。徳川光圀が始めた『大日本史』編纂がその起点となった。

素直に負けを認めて取り入れる力

私の保守論の基本的なスタンスは「よかった頃の日本に戻ろう」「日本のよかったところを守ろう」というもので、日本には「よかった時代」がいくつかあると信じています。

まず、日本は本来、貴族がいる「雅《みやび》の国」というイメージが、私にはあります。平安時代の頃は世界でも中国と日本ぐらいしか、きちんとした文明がなく、とても洗練された文化国家だったと思うのです。

その日本において、文化の中心に位置するのが天皇です。もともと天皇は武人で、たぶん争いに勝って天皇になったと思いますが、それ以降の天皇は武人ではなく、貴族です。中世に入ると、武家に政治を任せ、自分たちは貴族として君臨したわけです。

だから、天皇は将軍と違う。天皇陛下を国家元首にするのは、それはそれでいいのかもしれないけれど、その違いを踏まえると、明治憲法下のように統帥権《とうすいけん》を持つようにしてしまうのは、どう考えても違和感があります。もちろん、南北朝時代の後醍醐《ごだいご》天皇（注1）のように戦争の好きな天皇がいたのは事実ですが、それは例外でしょう。

それから、乱世と言われる戦国時代にあっても、文化の程度は高かったと思います。日本まで船で来たヨーロッパのほうが技術レベルが高かったと思われているけれど、そうとは言えないようです。たとえば、戦国時代の日本は世界中の鉄砲の八五％を持っていたそうです。それは輸入品でなく、日本でつくられたものでした。

また、当時の日本人が、手を洗うとか、ちゃんとしたトイレがあるとか、教育が進んでいるとか、日本人が清潔で、洗練された食事を食べているといったことを、ヨーロッパ人が記録しています（ルイス・フロイス『日本史』ほか）。未開の地だと思って来たら、はるかに文化程度が高いことに驚いたのです。

文化という点では、江戸時代も素晴らしいけれど、黒船が来たときは、さすがに科学技術の水準で欧米に負けていました。でも、日本人はそこで素直に負けを認め、取り入れられるものはすぐに取り入れた。

これは音楽家の三枝成彰《さえぐさしげあき》さんから聞いた話ですが、黒船からピーヒャラ、ピーヒャラと軍楽団が演奏しながら降りて来た。幕府の人間はそれを見て、特に考えることはなかったらしい。しかし、後に攘夷派から開国派に転向した人たちは、「そうか。音楽というのは兵士の士気を高める。音楽によって軍隊は強くなる」と考え、新政府はさっそく軍楽団を結成した。官軍がピーヒャラ、ピーヒャラと演奏しながら江戸に攻め上がったのは、その影響らしいのです。また、その後も日本ではかなり積極的に軍歌がつくられています。

もう一つ、三枝さんが仰っていた話ですが、ヨーロッパでは、課外授業として音楽の授業があっても、義務教育の正規の授業としてはないそうです。

軍歌を盛んにつくり、音楽を正規の授業に入れるという流れで、たぶん「国歌を大事にしよう」という話になったのだろうと思います。そうだとすると、国歌は意外に底の浅い歴史だったりするわけですが、それはそれとして、「これをやればいい」と思ったものを真似する能力が日本は異様に高い。音楽で軍隊の士気が上がると思ったらすぐにそれを取り入れ、音楽を義務教育にまで入れてしまうというパワーがあった。それはとても微笑ましい日本の姿だと思います。

注1 後醍醐天皇（一二八八〜一三三九年） 第九十六代天皇（在位：一三一八〜三九年）。足利尊氏、新田義貞、楠木正成らの支援を得て、鎌倉幕府を倒し、天皇親政による新政権を樹立する。しかし、足利尊氏らが離反して政権は崩壊。吉野に逃れて南朝を建てるが、挽回はかなわず、吉野で没した。

戦前のどこが守るべきものなのか

特筆すべき素晴らしい時代は、私は大正時代だと思っています。

大正時代がなぜ素晴らしいか。たとえば、大正天皇が勅書《ちょくしょ》をクルクルと丸めて望遠鏡にしたという伝説（注1）があります。これの何がすごいかというと、当時庶民が平気でそういう話を口にできたことです。不敬罪で逮捕されることもなかった。今の北朝鮮では考えられないことです。実際、中国ではインターネットで習近平の悪口を書いただけで逮捕されるようですから。

当時はたぶんイギリスでさえ、そんなことを話せなかったでしょう。いまでこそイギリスの王室はオープンといわれるけれど、それは「いま」なのであって、当時は日本の皇室が一番開かれていたのではないかと思いますし、開かれていたかどうかは別としても、少なくとも「言論の自由」があったわけです。

大正デモクラシー（注2）に対して、「女性に選挙権がなかった」という批判があります。しかし、当時は欧米諸国でも女性に選挙権はなく、アメリカにいたっては黒人に事実上選挙権がありませんでした（憲法の上では認められていたのですが、一定の財産や読解力のない人間の選挙権が認められていなかったのです）。日本のように民主的な国は当時あまり見当たらないと思います。

また、大正時代にはいまの学校教育法の原型ができ、そこで体罰禁止が明言されています。体罰が日本の伝統と思っている人が多いけれど、それは誤認です。当時は師範学校（注

3）が、貧しいために帝国大学や高等学校に行けない村一番の秀才が行くところだったようで、そういう秀才たちが学校の先生になりました。彼らは体罰をやるどころか、家庭で体罰が当たり前にあったのを、「子どもを殴ったらダメだ」と注意しに行っていたらしいのです。そのあたりはフロイスもムチで子供を教育するヨーロッパ王室に比べて、日本では言葉で戒めるようにしていると指摘していました。

体罰が当たり前になったのは、昭和になって学校に軍事教練が入って来てからだと思われます。それから、戦後復員して来た学校の先生が軍隊仕込みの「殴って教える教育」をやったことも大きかったでしょう。

だから「戦後の民主教育」というけれど、実は戦後のほうがむしろ学校で体罰があったのです。日教組の先生で共産国礼賛派であっても体罰容認の人は少なくなかった。しかし、軍隊帰りの先生たちが定年で退職するにつれて、体罰は激減していきます。昭和六十年前後までに小中学校に通った人は先生に殴られた記憶があるでしょうが、それ以降はあまりないはずです。

注1　遠眼鏡事件　大正天皇（一八七九〜一九二六年）が帝国議会で詔勅を読んだ後に、詔勅の書かれた勅書を丸め、遠眼鏡のようにして目をあてて、議会内を見まわしたという風説が流れた。

その時期、内容については一様ではない。

注2 大正デモクラシー 大正時代にあらわれた自由主義的ならびに民主主義的な風潮と運動のこと。一九一三（大正二）年に藩閥政治と官僚政治に反対する第一次護憲運動が起こり、普通選挙を求める運動や、スト権を求める労働運動なども盛んになった。

注3 師範学校 明治時代に始まった初等教育の教員を養成するための学校。卒業後は教員になることを義務づけられる一方で、授業料がかからず、生活費も給付されるため、貧しい家の優秀な子どもが集まった。戦後は、新制大学の教育学部や学芸学部に移行した。

アジアを解放する理想主義が日本にあった

大正時代は理想主義が日本にあったと、私は思っています。だから、その日本がアジアを解放しようという理想を持ったとしても、何ら不思議なことではありません。韓国や中国は嫌うかもしれないけれど、太平洋戦争にアジア解放という理想があったことは事実です。日本は、この戦争をアジア解放のための「大東亜戦争」とも呼んでいましたから。日韓併合（注1）にしても「併合」であり、韓国を植民地にしたわけでなく、ちゃんと韓国の人に選挙権を与えていました。

ところで、精神医学の「トラウマの理論」では、親の虐待が「中途半端」だと、子どもは怒りを覚えるし、後に親を怨むようになります。日本に対する韓国の反発はそういう感情に基づくものでしょう。

一方、子どもが完璧に虐待されると、服従心から親を喜ばせようとしたりして、親に阿《おもね》るようになります。これを、トラウマの専門家のハーバード大学のハーマンは「サレンダー（降伏）」と呼び、周囲に対して、むしろいい親のように子供が伝えてしまうので、虐待が発覚しにくいことを指摘しています。アジアであれ、アフリカであれ、欧州に植民地にされた国の人々は逆らえば平気で殺されていましたから、いまでも旧植民地のエリートたちがかつての宗主国に行って教育を受け、宗主国の言葉を喜んで使うのは、このサレンダー現象によって「阿る」ものだと言えるかもしれません。日本もアメリカに無差別爆撃をうけたり、原爆を落とされるなど虐殺に近いことをされて、戦争で完敗し、ウォー・ギルト・インフォメーション・プログラム（WGIP）という言論規制を受けたこともあって、アメリカにサレンダー心理で阿るようになったといえるかもしれません。

もう一つ、旧宗主国と旧植民地の関係には、混血ということが影響を与えるようです。スペイン人が南米に入ったとき、恐ろしいほどレイプしたらしい。そのため、混血の子がたくさん生まれた。にもかかわらず、この混血の人たちはスペインの血が入っているから、スペインを嫌わないのだそうです。
　ところが、日本軍は慰安婦を連れて行き、兵隊にコンドームを配ったりしました。日本はシンガポールやビルマやマレーシアまで攻め込んで占領しているのに、東南アジアには日本人の混血の人があまりいない。それは日本びいきの人がいないということにつながったと考えられます。そういう意味では、日本は極めてお上品でした。

注1　日韓併合　一九一〇（明治四十三）年に大日本帝国は大韓帝国との条約に基づき、同国を併合した。一九二五（大正十四）年の普通選挙法では内地に居住する朝鮮人に選挙権と被選挙権が認められ、朝鮮人が衆議院議員に選出された例もある。

勝った人間の言うことすべてに従ういわれはない

　ただし、日本軍は太平洋戦争にしてもある時期から変質したような気がします。つまり、最後まで日本軍が正しかったかといったら、そうではない（正しい軍はいつでも正しいと考えるのは、私は二分割思考に陥っていると思っています）。たとえば、特攻などはあってはならないことだと思います。特攻機のパイロットに「あとからついて行くからな」と言いながら、敗戦のときに自決した将官クラスは三人ぐらいしかいない。これは恥ずかしいことではないでしょうか。

東條英機（注1）は戦陣訓に「生きて虜囚《りょしゅう》の辱《はずかしめ》を受けず」と記したけれど、この人の何が許せないかというと、「あなたも辱めを受けないように」とこっそりピストルを渡されたのに、ビビって急所を外したことです。どうも、ある時期から日本の上のほうの人たちは死ぬのが怖くなり、それでいながら下の人には無茶を言ったように感じます。

戦争を始めたときや勝っているときは、ある程度、理想主義が保《たも》てても、負け出すと余裕がなくなり、理想主義が失われた。捕虜に対しても、余裕があればきちんと処遇するが、余裕がなくなると虐待が起こったのでしょう。「貧すれば鈍す」です。

軍律にしても当初はものすごくよく、慰安婦は連れて行ったものの、現地でひどいことはほとんどやっていなかった。ある時期から、食べ物がなくなってきて、略奪などをやり出したわけです。

だから、戦争を始めた当初の日本の考え方として、アジアを解放する気持ちがまったくなかったかというと、私は多少（どころか、大いに）あったと考えています。二・二六事件（注2）を見ても青年将校たちは拝金主義に対して怒っていましたが、あの頃はいまと違って日本人がきちんとした理想主義を持っていたような気がするのです。それが途中からおかしくなった。途中からおかしくなったのは事実だから、詫びなければいけない点はあるはずです。

その意味で私は「日本軍は途中から腐った説」です。全面的な太平洋戦争肯定派では勿論ありません。それでも、南京大虐殺や慰安婦強制連行、性奴隷説などはいささか〝針小棒大《しんしょうぼうだい》〟で言いがかりだろうと思っています。歴史家の井沢元彦さんが、正史とされるものは勝った側の人間が作ったストーリーだと指摘していますが、負けた人間が、勝った人間の言うことすべてに従ういわれはないのです。

そういう観点で日本の過去や伝統を是々非々で論じ、守るべきものは守り、悪かったものは悪かったと指摘し、場合によっては何を謝罪すべきか、あるいはこれからどう変わっていけばいいのかを考えていこうというのが本書の趣旨です。

注1　東條英機（一八八四年～一九四八年）　陸軍軍人で日米開戦時の総理大臣。終戦後の一九四五（昭和二十）年九月、自宅で拳銃自殺を図って失敗し、極東国際軍事裁判でA級戦犯として訴追された。一九四八（昭和二十三）年十一月に絞首刑の判決が出て、翌十二月に刑死した。

注2　二・二六事件　一九三六（昭和十一）年二月二十六日に陸軍の青年将校などが起こしたクーデター未遂事件。齋藤實内大臣、高橋是清大蔵大臣らが殺害され、二十九日に鎮圧された。

第一章

一番守るべきは日本人の知的レベルだ

何をもって人は「劣等民族」と見るのか

日本が一番に守るべきは「知的レベル」と私は考えています。なぜならば、「知的レベル」こそが「劣等民族か否か」を分ける鍵だからです。

今の時代に「どこそこの人たちは劣等民族だ」と言ったら、張り倒されかねません。もし仮に私が政治家をやっていて、「○○人は劣等民族」という言葉を迂闊《うかつ》に口にすれば、即座にクビになるでしょう。幸か不幸か、私は市井《しせい》の人だから、それを言っても職を追われないけれど、ネットで炎上することは十分考えられます。

「言ってはいけない言葉」になったとはいえ、「自分たちが劣等民族にならないために、どうしたらいいか」という視点は大切です。

では、人の感覚として、どういう国民性の人たちを「劣等民族」と見ているのか。逆に「優等民族」というのがあるとすれば、どういう国民性の人たちがそれに該当し、憧れるのでしょうか。「戦争が強い国」への憧れも多少はあるだろうけれど、普通は「頭のいい国民性か、頭が悪い国民性か」だと私は思います。だからアジアの国々もノーベル賞を出したがるのでしょうし、日本人もそれがたくさん出ると誇らしい気分になるし、アメリカはもっとたくさん出しているからと敬意を払われるのでしょう。

一九九一年から九四年にかけて、アメリカの中西部にあるカンザス（注1）に留学したときのことです。カンザスでは、日本のことなど、ほとんど知られていませんでした。地図で日本がどこにあるかを示せない彼らが知っていた唯一の「日本」は「日本製品」です。それも結構いい加減で、トヨタと任天堂は日本の会社だと知っていても、ソニーがアメリカの会社と思っている人もいました。そんなアメリカ人たちから「日本人は頭がいいんだろう」と、よくと言われました。「日本人は頭がいい」と認められたことは、トヨタの車がいいとか、ソニーの電気製品がいいという以上に、日本人として誇りに感じました。しかし、「日本人は頭がいい」は昔話になりかけています。いまや日本人の知的レベルは危機的状況にあると言っても過言ではないのです。

注1　カンザス州　アメリカ中西部の州で、ネブラスカ州、オクラホマ州、コロラド州、ミズーリ州と接する。グレートプレーンズ（大平原）のなかにあり、農業と牧畜が主要産業である。

ゆとり教育がもたらした深刻な学力低下

一九九〇年代の末に、京都大学の西村和雄先生、慶應義塾大学の戸瀬信之先生たちとゆとり教育（注1）反対運動を始めたきっかけは、悪化する日本人の学力低下に危機感を覚えたからでした。国際教育到達度評価学会（IEA）（注2）の調査で、一九六四年は数学の成績が世界二位、一九八一年は一位でしたが、一九九五年はシンガポールと韓国に負けて三位、一九九九年にはシンガポール、韓国、台湾、香港に負けて五位に落ちています。それを根拠に、ゆとり教育に反対をしたのです。

文部科学省の役人は、「それは計算力で負けているだけであって、数学力で負けているわけではない」と反論しました。現実に二〇〇〇年のPISA（国際学力調査）（注3）で日本が数学的リテラシー（応用能力）で首位だったから、「おまえたちは計算力だけを見ていた。応用力はまだ日本人は勝っている」と言っていました。しかし、ゆとり教育を始めた途端に、その順位は二〇〇三年の調査では六位、二〇〇六年は十位と、どんどん落ちてきました。計算力は数学力のベースであり、バカにできないのです。

当時、私たちが指摘したのは、「このまま十年、二十年経てば、熟練工の技術で韓国や中国が日本に勝つとは思わないけれど、ITなどの新しい分野では学力が高い国に負けてしまう」ということです。そう言うと、「頭がおかしくなったのか」というような目で見られました。トヨタが世界一の自動車メーカーになろうかという時期でしたが、その十年前に「トヨタが世界一になる」と言ったら、「頭がおかしくなったのか」という目で見られたと思います。すでにスマートフォンの技術や有機ELの技術では韓国に負けているそうです。よきにつけ悪しきにつけ、現状のままで十年が過ぎると言うことはあり得ない。「油断していると、悪い結果につながる」ということは肝《きも》に銘《めい》じておくべきです。

その意味では「楽観」より「悲観」のほうがいいと私は思います。ただ、経済に関して、あまりに悲観的だと消費が萎縮《いしゅく》してしまうし、悲観論がないと財政規律がめちゃくちゃになるという落とし穴があるから、過度な悲観はいけないという程度問題でしょうが、いずれにしても根拠なき楽観は油断、崩落につながります。

二〇一七年六月の日本経済新聞に、世界でインパクトファクター（文献引用影響率）の高い科学技術の論文数が、アメリカと中国がそれぞれ四分野でトップに立ったという記事が載っていました。これに対して、「中国人はねつ造論文が多いからだ」「自分たち同士で引用し合ってインパクトファクターを上げている」と言う人がいます。それはある程度は事実なのかもしれないし、事実もかなり入っていると思うけれど、そうであったからといって油断していいことになりません。アメリカと中国が一位を争っているのに、日本は五、六位なのです。一時期は「二位でいけないんですか」と豪語していたスパコンも、すでに二位の座も追われています。それを「よかった」と喜ぶ人がいるでしょうか。

注1 ゆとり教育　一九八〇年代から二〇一〇年代にかけて、日本で実施された教育方針の通称。知識量偏重から思考力重視に転換し、学習の内容と時間を減らしてゆとりある教育を目指した。しかし、学力低下が問題となり、二〇〇八年の学習指導要領で転換が図られた。

注2 国際教育到達度評価学会（IEA）　同じ試験を通して各国の児童・生徒の学力を調べる研究団体。オランダのアムステルダムに本部を置く。

注3 国際学力調査（PISA）　経済協力開発機構（OECD）が行う生徒の学力到達度調査。対象は十五歳で、読解力、数学リテラシー（応用能力）、科学リテラシー、問題解決能力を調べる。一九九七年から三年ごとに実施されている。

ノーベル賞受賞は「昔はよかった」という話にすぎない

数学オリンピック（注1）で日本人も時々勝つから、トップレベルの学力がまったく保たれていないわけではありません。ただ、そこにも問題がある。これは数学者に聞いた話だけれど、数学オリンピックで勝つような人間は数学者として大成しないそうです。数学の世界では、与えられた問題を解く能力は二流で、問題を創出する能力が一流とのことでした。

前述のように科学の分野では「日本人はノーベル賞を獲っているのに、中国人はまだ獲っていない」とよく言われますが、これも大きな勘違いです。

ノーベル賞は、十年前、二十年前の研究に対して贈られるものです。つまり、十年前、二十年前に日本が勝っていたという話であって、いま、現在、勝っているという話ではないのです。

このように、ノーベル賞は勘違いを起こすものだけに、日本人があまりに振り回されるのはどうかと思います。ノーベル賞を獲る人が出て来ると、一過性で子どもたちが勉強するようになるから、そういうプラスの意味合いはあります。でも、「昔はよかった」という話であって、いまの日本の教育・知的水準を反映するものでは必ずしもありません。

繰り返しますが、ノーベル賞をたくさん獲っていることは、十年前、二十年前の科学技術のレベルがとても高かったからであり、さらにいえば、その人たちが中学生、高校生、大学生の時代に日本の学力が世界でもトップレベルだったという過去の現実を反映しているにすぎません。油断禁物なのです。

事実、一九六〇年代、七〇年代（それより少し劣るであろう八〇年代でも前述のように日本の子どもの数学力は世界一でした）ぐらいまでは、日本人の学力がとても高かった。ところが、前述の通り、一九九〇年代から普通の計算力で韓国、台湾、シンガポールに負けだし、

ＰＩＳＡ調査の数学的活用能力では二〇〇三年ぐらいから負けだした。それを放置してゆとり教育をやり、どんどん学力が落ちていった。ゆとり教育はやっと止めたけれど、今度は二〇二一年からすべての国公立大学をＡＯ入試（注2）にするなどという、わけのわからない構想を文部科学省は言っています。これまたものすごい「教育改悪」だと思います。

注1　数学オリンピック　高校生を対象にして、数学の能力を競う国際的な大会。二〇一七年にブラジルのリオデジャネイロで開かれた第五十八回で、日本は金メダル二個、銀メダル二個、銅メダル二個を取ったものの、国別順位は六位だった。

注2　ＡＯ入試　「ＡＯ」とは英語の「Admissions Policy（アドミッションズ・ポリシー）」（学生像）の略称で、学校が求める学生像に合う者を選ぶ入試の方法である。通常の学科試験を行わず、内申書、面接、小論文などを通して、合否を判定することが多い。

日本人が愛国的でなくなっている大きな理由

日本の教育をつかさどる文科省は「ゆとり教育」にせよ入試改革にせよ、さまざまな「教育改革」をやっていますが、すべて本末転倒なことをやっています。「改革」どころか「改悪」です。たとえば、「日本人は英語の読み書きはできるが、聞くこととしゃべることができない」という理由で、高校の英語の授業では、どんどん読み書きの時間がオーラルコミュニケーションと呼ばれる時間に置き換えられ、平成二十年改訂（二十五年から実施）では、通常の読み書きを教える、英語Ⅰ、英語Ⅱは廃止され、コミュニケーション英語、英語表現、英語会話だけになりました。

でも、本当に読み書きができているのか、大いに疑問です。私の上の世代には大学のキャンパスで英字新聞を読んでいる人が結構いたけれど、私たちの世代は英字新聞を読む学生はほとんどいなかったように記憶しています。いまは、帰国子女を除くと、皆無と言ってもいいのではないでしょうか。

また、「あなたがしゃべっている内容を、英語で書けるのか」といわれたとき、本当に書ける人はほとんどいないと思います。実際、日本はＴＯＥＦＬ（注1）で読み書きの能力がアジア最下位になり、北朝鮮にも負けている。北朝鮮は受験者が少ないから平均点で有利という要素があるかもしれません。しかし、韓国と比べても、日本人は十七万人がＴＯＥＦＬを受け、韓国人は十万人が受けている。人口比からいうと、日本人のほうが選ばれた人が受けているはずなのに、韓国に負けています。読み書き力もないのに、「読み書きはできるけれど、聞く、しゃべるはできない」という勝手なうぬぼれで英語教育の内容を変えたから、余計、読み書きができなくなってしまいました。

最近、日本人がアメリカの一流大学に留学しなくなっています。一学期間だけの交換留学を行う学校が増えたから、人数としては増えているらしいけれど、それ以上の長期留学で、ちゃんと学ぶ学生は減っている。国際化のためにオーラルコミュニケーション教育なるものを進めたのに、逆に読み書きができなくなって、海外に留学する人が減った。そんな笑えない現実があります。

戦後まもない頃、アメリカが実施したフルブライト留学（注2）に応募した日本人があまりに英語ができるので、向こうの人は唖然としたようです。戦前は、敵国語だとして国内で外国語を使う機会が限られ、それほど外国語を勉強していないはずなのに、戦後の日本人は欧米に留学し、オックスフォード大学（注3）で堂々と一番か二番になった人がいた。すごいことだとは思いませんか。一九三〇年生まれで、この前亡くなった渡部昇一さんは、英語、ドイツ語を駆使して海外の大学で学位を取り、次々と優秀な論文を書かれた。こんなすばらしい学者がいるからといって、それは今の語学教育が優れていることの証明には全くならないのです。むしろ、昔の英語教育の方がすぐれていたということになります。

余談ながら、私が自分を愛国者だと思うようになったのは、アメリカに留学して、日本人がどんな位置づけかということを知ったことが大きかったように感じます。外国に留学した日本人は、その国かぶれになるか、愛国者になるかのどちらかで、私は後者だったわけです。そんなことを考えると、日本人が私の考える意味で（これからご説明していきたいのですが）愛国的でなくなっている一番大きな理由は、あまり留学に行かなくなったからかもしれません。

注1 TOEFL　「Test of English as a Foreign Languag」（外国語としての英語のテスト）の略称で、「トーフル」と読まれる。英語を母語としない人間の英語コミュニケーション能力を測るテストで、アメリカの非営利境域団体「Educational Testing Service（ETS）」が主催。英語圏の大学等への入学希望者選抜などに利用される。

注2 フルブライト・プログラム　アメリカの交換留学や奨学金制度の総称。一九四六年にアメリカの上院議員J・ウィリアム・フルブライトが提案して設立された。日本人では、ノーベル賞を受賞した利根川進、小柴昌俊、下村脩、根岸英一がフルブライト奨学生になっている。

注3 オックスフォード大学　イギリスの大学で、英語圏では最も古い歴史を有する。メイ首相、キャメロン前首相、サッチャー首相などを輩出した。日本から皇太子や秋篠宮などの皇族が留学している。

学問を尊ぶ国民性は徳川綱吉から始まった

子どものころ、「日本は石油もなく、人材しか〝資源〟のない国だ。だから、おまえたちは勉強しなさい」と、学校の先生から言われた記憶があります。相変わらず天然資源はなく、いま、知的レベルがかなり崩壊しているとすれば、唯一の〝人材資源〟が枯渇《こかつ》し、「日本人が劣等民族になる」という「民族の危機」がやってくるかもしれない……と認識すべきです。

昔は「芸者が金持ちの二号さんであっても、恋人は京大生を選んでいた」という伝説もあり、「勉強ができる人」が尊敬されました。一説によると、京都大学からノーベル賞の受賞者が出るのに、東京大学からはあまり出ない理由は、京都は勉強ができる人を尊敬する文化があるけれど、東京は足の引っ張り合いがあるからだそうです。

しかし、学問を尊び、勉強のできる人を尊敬する文化が、ここ二、三十年は廃《すた》れてきています。それを象徴するかのように、『勉強できる子 卑屈化社会』(前川ヤスタカ著。宝島社)という本が売れていて、著者のメルマガだかブログだかも、人気上位にランキングしていると聞きました。勉強のできる子供は、何か欠陥があるとみなしがちな「逆学歴差別」の状況を追ったノンフィクション作品です。こうした風潮が高まっているのは、「ガリ勉」を悪玉視し、ゆとり教育をしないと人格的にも歪んだ人間になると単純にとらえがちなマスメディアにも責任があると思うのですが、「勉強なんかしなくていい」という日教組型平等教育の風潮は極めてまずいと思います。そして、それに文部科学省がお墨付きを与えているのです。

もっとも、日本という国が学問を尊ぶ国民性を得たのは、意外に新しい。これは作家の井沢元彦さんの説です。

中国には科挙《かきょ》（注1）があり、朝鮮半島の国も真似して科挙を取り入れたけれど、日本には科挙の制度が入って来なかった。また、中国では学問のできる人間が皇帝の参謀になったりするのに、日本の歴史上、学問の力で権力にすり寄って行き、偉くなった人はあまりいません。井沢さんは、例外が奈良時代の道鏡（注2）なのではないかと仰います。ただ、その道鏡も、いつの間にか、女帝をたらしこんだというセックススキャンダルに置き換えられてしまった。当時の道鏡が六十二歳だったことを考えれば、あの時代の六十二歳の男なら勃《た》つわけがないと、井沢さんは指摘しています。

井沢さんによれば、学問と権力の縁が薄い歴史を塗り替えたのが、徳川幕府の五代将軍・綱吉（注3）です。一般的に綱吉は極めて評判の悪い将軍で、「生類憐《しょうるいあわ》れみの令」は悪法とされてきました。しかし、これは世界最初の「動物愛護法」であり、それ以上に意味があったと井沢さんは言います。戦国時代の空気が残っていて、人が人を殺しても平気な社会に、「人殺し禁止令」程度では効果がなく、「動物も殺してはダメだ」というぐらいの法律をつくらないと人々の心が改まらなかったのだそうです。

徳川幕府の初代の家康から三代の家光までは政権の基盤をつくらなければいけないがために、「家柄主義」を採りました。家柄といっても、どのぐらい前から徳川家と仲良くしていたかで、いい家柄を決めるという変なやり方です。新しく臣従した外様《とざま》大名は家柄が悪く、老中などの要職には就《つ》けない。古くから家臣だった譜代大名が幕府の要職に就く。そういう家柄主義をとったわけです。

政権の安定ということを考えると、そこまでは正解だったと思います。しかし、「いい家柄」から常に優秀な人材が出てくる保証はありません。そのままでは幕政の停滞は避けられない。このリスクを綱吉が取り除いたわけです。

綱吉はいろいろな事情で本当は将軍になれないはずなのに、就任できたせいもあるのだけれど、「家柄主義」を切りました。と言っても、家柄がイマイチの頭のいい人間をいきなり老中にするわけにいかないから、側用人《そばようにん》(注4)という制度をつくった。

側用人は将軍の執事、召使いのようなものであり、格としては老中より下です。しかし、側用人は、直接、将軍と話ができる。老中は、直接に話ができなかったそうです。これも変な制度だと思うのだけれど、側用人を通してしか将軍とコミュニケーションがとれないという制度をつくることによって、賢い人間が出世するチャンスを出現させた。その点で「綱吉はすごい」というのが、井沢さんの評価です。

では、それほどすごい綱吉の評判が、なぜ悪いのか。「勝った人間が歴史をつくる。八代将軍になった徳川吉宗（注5）が綱吉を貶《おとし》めた」と井沢さんは指摘しています。日本人は勝った者がつくった歴史を信じすぎると、私も思います。貿易立国をめざした平清盛（注6）でさえ、極悪非道の権力者と思われ、源義経（注7）はスーパーヒーローになっている。でも、史実を読む限り、清盛のほうが、はるかに国際派の優れた人物でした。今の日本の太平洋戦争史観もアメリカの理想化もその類でしょう。

本題に戻りましょう。綱吉個人の力量だけでなく、徳川政権が安定してきたこともあいまってのことだという見方もありますが、少なくともそこで歴史が変わったのは事実です。綱吉が賢い人間を重用《ちょうよう》した後（最初の藩校は光圀の影響を受けた岡山池田藩のようですが、これが増えだしたのは、綱吉以降です）、各藩も藩校をつくり始め、それまでは剣が強い人が出世したのに、藩校の秀才が下の身分でも出世できるようなシステムが日本全体に広まっていきます。井沢説が正しいか、正しくないかは別として、その頃から日本人は「知識があり、頭がいいほう、勉強ができるほうがよい」という価値観を持つようになったのです。

武士はその地域で軍人というより、〝知識階級〟だと見られた。その武士に金を払ってでも、勉強を習おうとする場が寺子屋です。もともと寺子屋をやっていたのはお坊さんだけれど、武士のほうが頭がいいと思われたわけです。それは「きちんとした教育を受けているから」ということなのでしょう。
この「学問を尊び、頭のいい人間を尊敬する国民性」は、われわれ「日本の保守」が守らなければいけないものだと、私は思っています。

注1　科挙　中国で千三百年あまり続いた高等官吏採用試験。隋の時代（五八七年頃）に始まり、清の時代（一九〇五年）に廃止された。東洋史学者の宮崎市定によると、「科挙とは科目による選挙の意味」である。
注2　道鏡（七〇〇?～七七二年）　奈良時代の僧侶で、弓削《ゆげ》氏出身という説から弓削道鏡とも呼ばれる。女帝の孝謙天皇に寵愛《ちょうあい》され、太政大臣禅師、法王位に昇って権勢をふるったが、皇位に就こうとして失敗（宇佐八幡宮神託事件）、称徳天皇（孝謙天皇の重祚）が亡くなると失脚した。
注3　徳川綱吉（一六四六～一七〇九年）　江戸幕府の第五代将軍（在職：一六八〇～一七〇九年）。第三代将軍・徳川家光の四男に産まれ、兄の第四代将軍・家綱に男子がなく、三男の綱重が早く亡くなったため、将軍位に就く。儒学を好んで文治政治を進め、綱吉が将軍だった時代

には新井白石、室鳩巣《むろきゆうそう》、荻生徂徠、雨森芳洲、山鹿素行などの学者が輩出された。大老の堀田正俊が刺殺された後は牧野成貞や柳沢吉保を側用人に任じて重用し、老中による合議制から将軍専制への転換を図った。

注4　側用人　徳川幕府に置かれた役職。将軍と老中などの重職の間を取り次ぐのが役目だったが、側近として意見具申できたので、権勢は老中をしのいだとされる。徳川綱吉が牧野成貞を任じたのが初代で、綱吉時代の柳沢吉保、第十代将軍・徳川家治時代の田沼意次が有名である。

注5　徳川吉宗（一六八四〜一七五一年）　江戸幕府の第八代将軍（在職：一七一六〜四五年）。第七代将軍・徳川家継に嫡子《ちやくし》がなく、紀伊徳川家の当主だった吉宗が後継に選ばれて将軍位を継いだ。質素倹約と増税による財政再建、公事方御定書の制定、目安箱の設置などの幕政改革を実行した（享保の改革）。

注6　平清盛（一一一八〜一一八一年）　平安時代の武家、公卿。平氏の棟梁として保元の乱、平治の乱で勝者になり、武士として初めて太政大臣に任じられる。日宋貿易を手がけ、宋銭を流通させるなど、経済の基礎を整備した。平氏一門の権勢が絶大になると、公家、武士などに反発する勢力が台頭し、源頼朝らが平氏追討の兵をあげて劣勢を強いられた時期に没した。

注7　源義経（一一五九〜一一八九年）　平安時代から鎌倉時代初期の武家。鎌倉幕府の初代将軍・源頼朝の弟で、一ノ谷、屋島、壇ノ浦の合戦で活躍し、平氏との戦いで武名を高める。しかし、

兄の頼朝と対立して、奥州藤原氏の秀衡を頼って庇護されるが、秀衡の後を継いだ泰衡に攻められて没した。悲劇的な人生は後世の同情を集め、さまざまな伝説を生んだ。

勉強のできる人間が尊敬されなくなった三つの原因

学問を尊ぶ国民性に翳《かげ》りが生まれ、勉強のできる人間が尊敬されなくなった原因は三つあると私は見ています。

一つは、日教組型の平等教育というか、抜きんでた人間を潰そうとする左翼思想です。それによって、たとえば東京の都立高校が学校群という制度（注1）に組み込まれてしまったし、京都でも蜷川虎三《になががわとらぞう》（注2）さんという共産党系の人が知事のときに小学区制にして（というより、アメリカが日本人の知的レベルを下げるために押し付けてきた「高校三原則――小学区制・総合制・男女共学――」というのを京都だけは受け入れた形なのですが）、どんなにできる子でも、できない子でも、小さな学区内の決まった学校にしか行けなくなりました。

ただし、そういう左翼が強い地域は、公立の名門校と入れ替わるようにして、私立の名門校ができます。東京では麻布、開成、武蔵が有名ですし、京都はできる子が洛星、洛南、同志社などの私立に進む。日教組が強すぎる広島でも、広島学院、広島大学付属（ここは国立ですが、中高一貫校で、県教組の影響を受けません）、修道といった私立が強い土地柄になっています。だから、そういう地域にエリートが出ないかというと、出てくるのです。

問題は残りの二つです。

まず、朝日をはじめとするマスコミの学歴批判がよくなかった。新聞記者に、東大に落ちて早稲田に行った人が多いせいなのかどうかはわからないけれど、「東大出は性格が悪い」とか「偏差値秀才は嫌なやつだ」と暗に言われたりする。それが私の学生時代が、端《は》境期《ざかいき》だったと思いますが、「灘高のような学校に行くやつはとんでもない」というようなことを書かれ、勉強ができる人が次第にモテなくなり、一方、おもしろい人間、スポーツができる人間がモテるようになり、先ほどの『勉強ができる子　卑屈化社会』に書かれるようにそれが顕著になっていきました。今でも「ハゲー」と言って秘書に暴言を吐き、傷害の被害届を出された政治家は東大の出身ですが、「東大出の歪んだエリート意識の持ち主だから言った」みたいに語られてしまう。

三つ目は、意外に多くの人たちが気がついていないことだけれど、一九七〇年前後から会社経営者たちによる学歴批判が出てきました。たとえば、経営者がインタビューで「東大出は創造性がない」「東大出はつまらないやつが多い」などと公然と論じました。ソニーの盛田昭夫さんは『学歴無用論』という本も出しました。でも、それは明らかにダブルスタンダードでした。経営者がそういうことを言いながら、会社はリクルートで東大出を優遇したのです。創造性がなく、つまらない人間で、社員として使えないのなら、採らなければいいのに、むしろ積極的に採用するのだから、おかしな話です。

なぜ、こんなダブルスタンダードをやったのか。たぶん、戦後に勃興した会社の経営者が、子どもに跡を継がせる時期だったからだと、私は分析しています。自分が忙しくて子どもをかまっていられなかったせいなのか、ボンボン育ちにさせすぎたせいなのか、二流、三流の大学に行くことになった子どもに跡を継がせるときのエクスキューズで、学歴批判をやったのではないか。いってみれば「方便」です。これはあくまでも一般論であって、別に盛田さんがそうだったと言うわけではありませんが……。ついでに言うと、この頃から政治家のほうも附属校あがりの二世、三世議員が増えてきます。彼らも学歴社会には批判的だったように記憶しています。

しかし、それは私利私欲に走った考え方であり、まったく愛国的ではありません。そういう卑しい金持ちや政治家のせいで、左翼やマスコミの学歴社会批判に箔《はく》がついた。しかも、それが二枚舌で、新入社員はなるべく東大出を採ろうとするのだから、とんでもなく薄汚いことをやったと、私は思います。

だいたい世界中のどこを探しても、「エスタブリッシュメントに学歴はいらない」と言っている国は日本しかない。経営者が学歴なんていらないと言ったところで、誰が信じるでしょうか。

注1　都立高校の学校群制度　東京都で一九六七年から一九八一年まで実施された都立高校普通科の入試制度。学校間格差を是正する目的があったとされる。地域別の学区をつくり（例：千代田区、港区、品川区、大田区が一学区）、そのなかに二、三校で形成される学校群（例：日比谷高校、九段高校、三田高校が十一群）を複数置く。志望者は学校ではなく、群を選んで受験し、合格してもどこの学校に入学するかは決められなかった。一九八一年に学校群、二〇〇三年には学区制が廃止になった。

注2　蜷川虎三（一八九七〜一九八一年）　学者、京都府知事（在職：一九五〇〜一九七八年）。京都大学教授から中小企業庁長官に転じ、吉田茂首相と衝突して辞任すると、一九五〇年に、京都知事選に出て当選、二十八年にわたって知事を務めた。革新首長の先駆け的存在と言われる。

「バカがいない国」は日本人として誇っていい

「ノーベル賞級の学者や超天才はたくさんいないけれど、一般の技術者のレベルがとても高いのが日本という国の強さだ」ということは、前からいわれています。これを言い換えると、「日本はバカがいない国」と表現できるでしょうか。そこは日本人として誇っていいと思います。

中卒や高卒の職人でも開業して成功できるのは、海外と違うところです。労働者階級の人たちがいきなり経営者になったり、起業してうまくいくという話は、海外でほとんど聞きません。日本ではブックオフのアルバイトの女性（橋本真由美氏）が社長になった（注1）りするし、そういう人の話を聞くと、会話の内容が結構インテリだったりします。

私がアメリカに留学したとき、あまりに一般大衆がバカ（計算もできないし、まともに読み書きができない）なことに唖然として、「この国は賢い人に引っ張っていってもらう国なのだろう」という感想を持ちました。もっとも、アメリカはレーガン大統領以降、国を挙げて基礎学力教育（いわゆる詰め込み教育）に力を入れ、だいぶ変わってきた気がします。アメリカ人でもお釣りの計算できる人が増えていて、タクシーでも英語の通じる運転手はお釣りの計算ができたりします。

また、世代によっては、学歴があまり意味をなさない場合もあります。ジャパネットたかた（注2）の創業者・高田明さんは大阪経済大学卒なのに、子どもが久留米大学附設から東大に入ったと、ネットに書かれていました。父親の明さんは一九四八年生まれの団塊の世代で、当時の大学進学率は一五％から二〇％弱程度です。この時代に九州の片田舎から大阪の私立大学に入るのがいかに難しかったかを知らない人が驚いているのでしょう。

その当時は高校に入ることも難しかったから、団塊の世代は高卒でも賢かった。そういう意味では、六十代以降の人は高卒であろうが、二流大学卒であろうが、外国人と比べると、知的レベルがかなり高いと思います。

日本の「バカがいない社会」は守らなければなりません。しかし、残念ながら、それは過去のものになりつつあります。

私が高校中退の少女が東大を受験する『受験のシンデレラ』という映画を二〇〇七年につくったとき、冒頭に「二分の一＋三分の一」を、そのまま、「上」と「下」を足して「五分の二」と答えるシーンを入れたのですが、主役の豊原功補さんから「これは大袈裟すぎる」「いくらなんでも、そんなバカはいないでしょう」という感じで、食ってかかられたことがありました。豊原さんは定時制高校に通ったらしく、「俺も、大概バカだったし、勉強していなかったけれど、いくらなんでも分数の計算はできた」と言う。そこで、今は「早慶レベルの文系の大学生の五分の一がこんな簡単な分数の計算ができない」というデータを見せたら驚いていました。

このデータは、一九九九年に京大の西村和雄先生や慶大の戸瀬信之先生たちが報告した調査です。入学試験に数学を課さない学部を対象に調べたところ、こんな分数の計算ができない学生は五人に一人、二次方程式ができない学生は七割もいました。

入試で数学を課さないからそうなっている一面はあるけれど、これは入試だけの問題ではないと私は見ています。昔であれば、中学や高校で分数の計算ができなかったり、二次方程式ができないような生徒は落第させられたでしょう。「赤点」というものがありました。ところが、いまの高校は堕落し甘やかしているので、赤点をつけないのです。たとえ出席日数が足りなくても、医者に診断書を書いてもらって出せば進級できる。めちゃくちゃです。

日本にも落第制度がないわけではないのです。昔、慶大では「幼稚舎上がり」といって、附属小学校からエスカレーター式に大学に進んだ人をバカの権化のように言っていましたが、付属高校はいまだに留年の制度が残っていて、退校させられることもあるそうです。だから、下から上がって来る子がバカかというと、そんなことない。少なくとも分数ができない大学生は、下から上がってくる人にいないという話でした。

注1　橋本真由美（一九四九年～）　ブックオフのパートタイマーから正社員に採用され、二〇〇六年、社長に就任した。

注2　ジャパネットたかた　通信販売会社で、長崎県佐世保市に本社がある。

日本でバカが増えた原因

日本はバカがいない国だったけれど、最近はお釣りの計算が怪しい人も出てきました。コンビニに行くと、中国人や韓国人の店員が暗算でお釣りを出してくれるのに、日本人の店員はレジを打ってその表示を見てからお釣りをくれる。内心「これはヤバくないか」と思ってしまいます。

その状況を反映するように、日本の大学では「リメディアル教育」といって、大学生が入学時に足し算や引き算を習ったりしています。

こうなったのはゆとり教育以上に、少子化対策を怠ったことが大きいというのが私の見立てです。

第二次ベビーブーム世代は一九七一年から七四年までに生まれの人たちで、この四年間は一学年に二百万人以上いました。彼らが高校受験をするのは一九八六年から九〇年ぐらいです。時期がちょうどバブルと重なっていて、景気がよかったこともあり、平等教育論が強まった。「十五の春は泣かせない」（最初に言ったのは前出の蜷川虎三という京都府知事でした）が再燃した。つまり、「中学生で浪人をさせるのがかわいそうだ」という話になり、膨大な数の公立高校がつくられたのです。

工業科や商業科は「客」が来ないのはわかっているから、つくらなかった。このときに何十万人分の受け皿としてつくられたのが、普通科と総合科です。ちなみに、桐蔭学園のような一部の積極経営の学校を除けば、私立の経営者はあとで子どもの数が減るのはわかっているから、あまり増設していません。

では、第二次ベビーブーム世代の後、子どもの数がどのくらい減ったでしょうか。第二次ベビーブーム世代の子どもたちは一学年に二百万人以上いましたが、たった五年後に一学年が三十五万人減り、十年後に六十五万人減り、いまは一学年百十万人程度だから、当時の半分です。

このくらい子どもの数が減ると、クラスでビリでも公立高校の普通科に入れるようになります。田舎の子にとって、「公立に行けるか、私立に行くか」、あるいは「普通科に行くか、工業科に行くか」は、運命の分かれ道といっていいでしょう。かつてはクラスで真ん中ぐらいの人たちがボーダーライン上にいて、「私立に入れば高い学費が要る。親に迷惑をかけたくない」とか「工業科や商業科は嫌だ」といって、高校受験塾に通って勉強した。だから、田舎に行くと県単位で巨大な学習塾があり、小さな町でも教室を開いていました。

高校受験のための学習塾に対する需要は、東京にいるとイメージがわかないかもしれません。私も阪神間出身だから、あまり実感は強くないけれど、国立水戸病院に勤めたことがあり、田舎の受験事情を知りました。

それはさておき、ビリでも学校名さえ選ばなければ公立高校の普通科に入れるなら、「誰が勉強するんだ」という話になる。もちろん、トップの公立高校を目指す人たちはいまでも勉強していますが、そうでないと昔のように勉強しなくなった。バカが増えた原因はそこにあると私は考えています。

なぜ、大学入学の資格試験をつくらないのか

ですから、ゆとり教育が撤回されて「少しはよくなるだろう」と安心するのはまだ早いと思います。相変わらず高校で留年や落第をさせないし、大学入学の資格試験ぐらいつくればいいのにつくらない。この「出口論が間違っている」という問題を見落としてはいけません。

たとえば、二〇二〇年度（二〇二一年一月実施）の大学入試改革では、センター試験（注1）の代わりに、記述式の試験をやろうという話になっています。そこに一つ、大学入試基礎学力テストという不可解な試験を導入がされるようです。

もともと大学入試基礎学力テストは、「大学入試に資格試験のようなものをつくる」とい

う意図が背景にあって作られたものです。つまり、あまりに出来の悪い大学生が多いから、最低でもいまの高校卒業程度認定試験（高認）に受かる人しか、大学に入学させないようにするという考え方があったのです。なお、高認試験はかつての大学入学資格検定（大検）とは意味合いが違います。大検試験は大学を受けるための資格試験でした。高認試験は高校を出ていなくても高校卒業と見做してくれるというもので、いまは不登校が増えてきたから、そういう人たちを救おうという側面があります。もちろん、これに受かれば大学受験はできます。

ところが、新設される予定の大学入試基礎学力テストの当初の目的と思われる大学生の学力を担保する方向性は骨抜きになっている。受ける受けないは高校生の自由。もし、これが高校生が全員受ける義務があり、不合格者は大学受験の資格なしとなっていれば存在価値はありました。「そんなことをしたら、受験者が減ってうちは潰れる」と、大学側のすごい抵抗があったのではないかと私は想像していますが、ともかくもそれが、高等学校基礎学力テストという名前で残った。でも、これを何に使うのかが、よくわからないし、高認試験を廃止するのかと思ったら、それも廃止しないという。本当にあきれてしまいます。

余談になりますが、私は一度でいいから、ふつうに大学受験をして受かった学生だけによる東京六大学野球を見てみたいと思っています。ロッテなどで投手として活躍した小宮山悟のように、二年浪人して早稲田大学に入った人もたまにはいますが、ペーパー試験に受かった人だけで六大学野球をやったら、意外に東大が勝つのではないかと思ったりします。

注1　センター試験　大学入学者選抜大学入試センター試験の通称。日本における大学共通入学試験と位置づけられ、毎年一月に独立行政法人大学入試センターが実施する。前身は国公立大学共通第一次学力試験（通称は共通一次）。

AO入試の面接だけで医学部に入った人が医者になったら……

「バカがいない」ということに加えて、「日本人のミスのなさ」も誇りに思っていいでしょう。医療であろうが、工場であろうが、作業ミスがないことは重要です。

私は医者という仕事をしていますが、日本は医者が報酬によるインセンティブシステムで動いていません。保険医療の体制下にあるから、手術が上手くなったところで、勤務医の給料が高くならない。「手術が上手くなったら忙しくなるだけ」というところがあります。独立開業したら違うのかもしれないけれど、手術が上手かろうが、下手であろうが、金銭的にはあまり変わらない。また、手術がうまくなったら教授になれるかと言ったら、論文をたくさん書いている人のほうが教授になれる。だから、偉くもなれないのです。

一方で、下手な手術をしても給料を減らされるわけでもないし、クビになるわけでもない。アメリカのように医療ミスで訴えられるかといったら、群馬大学病院のように十八人も手術で殺していながら、十七人までは訴えられなくて済んでいる（注1）。つまり負のインセンティブもない。これを見ても、手術ミスが少ないことにメリットがあるとは言えません。

しかし、高級医療を除いたアメリカの一般医療と比べたとき、日本はミスがはるかに少ない。なぜ、日本で医療ミスが少ないのか？　答案を書く上でミスが少ない人を受験で篩《ふるい》にかけているからだと私は推測しています。

受験による苦労のあるなしは、そういうあとあとの影響が残ると私は思います。「社会に出て二次方程式を使ったことがない」と、作家の曽野綾子さんは言ったそうですが、確かに受験勉強で覚えた歴史の年号が社会に出て役に立つかどうかわかりません。しかし、「ミスをしない習慣をつける」「締め切りを守る習慣をつける」という点で、一、二年、コツコツと受験勉強をすることは実社会に出ても役に立つと思うのです。

二〇二〇年入試改革の答申を見ると、これまでの入試システムによって、ミスが少ない人材を活用していることをもっと威張っていいのに、一点を競う試験は古い学力であり、これからの時代に通用する能力が判定できないから面接を重視したりAO入試にしないとダメだと言う。いまはセンター試験で九割取れないと、医学部には入れません。正直に言って、今後AO入試の面接や小論文、金持ちの子なら代筆が可能な志望動機書などを重視して、医学部に入って来る人が出てくることは怖いと思います。

注1　群馬大学医学部附属病院の医療事故　群馬大学医学部附属病院で行われた腹腔鏡《ふくくうきょう》手術で、患者八人が手術後四カ月以内に死亡していたことが二〇一四年にわかった。その後、同じ医師による開腹手術を受けて死亡した人が十人いることが判明している。群馬大学医学部附属病院は二〇一五年に特定機能病院の指定を取り消された。

ハングリー精神とデフレ経済

少子化が進む日本で労働力の質を担保するためには、「バカがいない社会」と「ミスをしない習慣」を持った国柄を守ることが大事ですが、若い人が三年も会社勤めが続かず、コロコロ転職したり、フリーター、ニートの率が高まっていることを含めて、教育システムを改めて考える必要があります。

フランスの少子化対策は「子どもの数が減ったら、猫も杓子も子どもをつくればいい。婚外子でも何でも認めて子どもを増やす」という発想です。一方、フィンランドでは「そういう考え方をしない」と言われました。

PISA調査の基礎学力が世界一ということで、「文藝春秋」という雑誌の金で、フィンランドに視察に行ったことがあります。そこで言われたのが、「子どもの数が半分になったら、生産性を二倍にする。そのためには子どもに勉強をさせる。だから、義務教育であっても、できない子は一年留年させるし、大学入学資格試験もあります」という趣旨のことです。

これはどこかの国に見習って欲しいところです。子どもの数が減ったなら使える労働力比率が九割、九割五分ぐらいの歩留まりでないといけないのに、数が減った以上に、それが低下していることは国家的な危機と言っていいでしょう。

ただ、働く意欲、向上心については、教育だけでどうにかなるものではないように思います。これは「安いから、まあ、いいだろう」という、デフレ経済の副作用の一つが大きく影響していると私は捉えています。たとえば、一皿百円ちょっとの回転寿司でもそこそこうまかったら、美味しい寿司を食べるために頑張って稼ぐ気にならないという面があるのではないでしょうか。そのために日本という、そこそこ豊かな国で「ハングリー精神」が余計に薄らいでいると思うのです。

余談ですが、寿司屋の業界の現状を見ると、回転寿司のチェーン店は値段が安いだけでなく、ネタもまずまずいいので、街の普通の寿司屋が勝てず、経営が成り立たなくなってきています。しかし、「すきやばし次郎」のように寿司が芸術とみなされるところは、一人三万円以上とっても生き残る（どころか予約が取れないほど繁盛している）。チェーン店と超高級店の二分化が進むなか、中間の寿司屋は食うためにはアメリカに渡るしかないでしょう。

大阪出身の私は、子どもの頃、天王寺公園（注1）によく連れて行かれて、浮浪者を見せられ、「勉強しないとあんなふうになる」と言われました。昔の乞食はボロを着ていたから、子供心にも「ヤバいな」と思ったのですが、いまのホームレスは普通のジャージを着ていて、その姿を見ても「まあ、あれぐらいならいいか」という感じでしょう。アメリカのように治安が悪ければ、路上での生活は「いつ殴られるか、わからない」という恐怖感があるけれど、日本はなまじ治安がいいので、これも「まあ、いいか」になってしまいます。ましてネットカフェ難民は、普通にきれいな服を着て、そこに寝泊まりするから、本当は悲惨な暮らしだとしても、子どもが見ても危機感を感じないとしてもおかしくはありません。

注1　天王寺公園　大阪府大阪市天王寺区茶臼山町にある大阪市の公園。園内には天王寺動物園や植物温室、大阪市立美術館がある。

第二章

一億総中流の意味を再考する

貧乏人がいない社会は豊かに見える

保守の一人として「日本が守るべき」と考えているのは「一億総中流」社会です。私は共産主義者でも社会主義者でもないけれど、かつての自民党政権下で作り出された「一億総中流」はいいものだと思います。残念ながら、日本にも「格差社会」が広がり、かつてほどの「一億総中流」社会ではなくなってきています。

ともあれ、人は、上のほうだけを見て、「その国がダメな国か、いい国か」を判断することはあまりないでしょう。たとえば、北朝鮮が立派なビルを建て、金正恩がベンツに乗っていたところで、北朝鮮を豊かな国と言う人はいないし、かつてのフィリピンでマルコス大統領（注1）やその夫人のイメルダさんがいくら贅沢をしていたところで、フィリピンを豊かな国と言う人はいなかった。「この国は豊かな国か、貧しい国か」という判断は、普通、下の層を見てなされるものです。つまり、貧しい人が多かったり悲惨な暮らしをしている国は貧しく見えてしまうということです。

北欧社会の福祉が充実していることは周知の通りですが、前述の理由で、フィンランドに行ったときに驚いたのは、誰もブランド品を持っていないことでした。でも、みんな、おしゃれで、何となく豊かに見えた。フィンランドやスウェーデンは税金が高いけれど、福祉がよくて、貧乏人がいない。外から見ると、貧乏人やホームレスがいない社会は豊かに見えるのです。

「豊かになった」と聞いていた東南アジアの国々に行ったとき、空港から町に着くまでの間に、道を歩く人たちを見ていて、「ああ、この国はまだ貧しいな」とか「この国は結構リッチな国になったんだな」と思ったりしましたが、その国の貧しい人がどんな生活水準にあるかは、外国人が国のレベルを判断するときの大きなポイントだと私は考えています。だから、貧しい人を減らすことは極めて重要であり、「一億総中流」の日本は、世界に向けて豊かな国であることを発信する力があったわけです。

言ってみれば、「一億総中流」は「国の見栄」としても意味があったと思います。見栄ということでは、福祉を重視して貧乏人がいない国にするのもそういう意味があるし、核武装を一所懸命したがる国があるのも、特異な見栄のためと言えるでしょう。かつて新宿西口の都庁に向かう通路のホームレスの段ボールハウスを強制排除した（多少金がかかっても施設に入居させたそうです）のも、表向きは動く歩道の設置のためでしたが、やはり見える形の貧困は金をかけても見えないようにするという意味もあったのでしょう。生活保護に目くじらを立てる人も少なくないようですが、不正受給はともかくとして、ホームレスが増えるよりは、国の体裁を保つために必要な費用の側面もあると私は思っています。

注1 フェルディナンド・エドラリン・マルコス（一九一七～一九八九年） フィリピンの第十代大統領（在職：一九六五～一九八六年）。一九七二年に戒厳令を敷き、独裁体制を強めたが、一九八六年の大統領選挙で不正を糾弾され、エンリレ国防大臣、ラモス参謀長などの国防軍有力者が反旗を翻した。これを支援する市民デモが起こって、大統領官邸が取り囲まれ、ハワイに亡命した。

所得税増税でアメリカの格差が小さくなった

一九六〇年代、七〇年代の日本は、世界が理想にするような「一億総中流」社会ができていたと思います。

では、どうして日本に「一億総中流」社会が出現したのか。普通に考えたときに、金持ちはもっと金を得ようとするものです。だから高度経済成長の時期に会社が儲かっていれば、経営者は自分たちの給料をどんどん上げてもおかしくない。ところが、当時の経営者たちは桁違いの収入を得てはいなかった。三十年前の数字でも、一部上場企業の社長の平均年収は二千万円ぐらいでした。その一方で、従業員に高い給料を払っていて、社長と新入社員の給料を比べると、数倍程度の差しかなかったのです。専用車がついたり、接待費が使い放題だったりしたとしても、これはすごいことです。

金持ちが極端に強欲でなかった。これが「一億総中流」をつくり出した一因であり、日本人の美徳と言っていいと思います。

世界の国々を見まわすと、「総中流」社会はありそうでない。数少ない例として、アメリカが一時それに近い状態だったことがありました。ノーベル経済学賞をとったポール・クルーグマン（注1）の説によると、冷戦時代のトルーマン大統領（高卒の軍人出身）がまったくの経済音痴だったため、税金を取りやすいところから取ろうとして、一九五〇年代に金持ちに対する税率を九一％まで上げてしまった。すると、金持ちの経営者たちが「高い報酬を得ても税金を取られるだけだからセーブしよう」と考え、その分一般従業員の給料がドンと上がって、アメリカで中流層が勃興《ぼっこう》した。これはクルーグマンの『格差はつくられた』という本に出てくる話です。少なくともその時期に、GEのような家電会社やGMやフォードのような自動車会社が全盛期を迎え、そのアメリカ人の生活をテレビで見て日本人が憧れたのは確かなことです。

トルーマンが経済音痴だったのかどうかはともかくとして、最高税率を九一％に上げた時期とアメリカが中流社会になった時期が一致するのは事実でしょう。ただ、黒人は相当な差別を受けていたから、貧しい層はアメリカに厳然として存在したし、そのあと、また金持ちが強欲になって、格差社会が始まっています。一方、日本も高度成長期には所得税と地方税の最高税率の合計が八八％という時期がありましたが、中流が勃興したのはまさにその時期です。

注1　ポール・クルーグマン（一九五三〜）　アメリカの経済学者。マサチューセッツ工科大学教授、スタンフォード大学教授、プリンストン大学教授を歴任し、二〇〇八年度のノーベル経済学賞を受賞している。現在はニューヨーク市立大学大学院センター教授。

国際競争力を上げた国民の要求水準

一九七七年頃、一千ドルぐらいでアメリカの電機メーカーがビデオデッキを出し、日本では二十五万円ぐらいでベータとＶＨＳ（注1）のビデオデッキが出ました。

当時のアメリカ人の平均年収は日本人の二倍ぐらいで、当時の為替レートは一ドルが二百五十円ぐらいだったと思いますが、発売当初、アメリカ人は「まだ高い」と言って買わなかった。日本人はボーナスという制度があったからかもしれないけれど、飛ぶように売れて日本の電機メーカーは大量生産が可能になった。その結果、価格を下げることができ、海外での競争力を得て、日本のＶＨＳが世界のデファクトスタンダードになったのです。

実は、それまでアメリカがそういうビジネスモデルを実践していました。他の国では高くて買えないような家電製品や自動車をアメリカ人だけが大量に買い、価格が安くなってから輸出した。ＶＨＳで初めて、日本がそのビジネスモデルを実践することができたわけです。そのあと、ビデオカメラが出たときも、初期の段階では、同じようにアメリカ人は高いと言って買わなかったけれど、日本人は二十五万円ぐらいしたのにみんなで買って、大量生産によるコストダウンを実現し、輸出しました。

技術水準が高まることによって新しい製品が開発販売されると考えられがちですが、私は消費者の高い要求水準によって新技術の製品が出て来ると考えています。実際、お客さんがいる航空機や医療機器の分野では当時でもアメリカの競争力は高かったのです。そういう意味では、高くてもいいものだったら買ってくれる豊かな国民がいなければ、新しい技術の商品は生まれてこない。「一億総中流」時代は消費者の要求水準も、購買意欲も高かったから、日本の競争力も高かった。つまり、日本の国際競争力を上げたのは、国民の要求水準、生活水準だったと思います。

「一億総中流」時代は格差が小さく、消費が多い社会だったことは確かです。新しいものが出ると、高くても買ったし、クルマが四年ごとにモデルチェンジしたら、買い替えていた。しかし、この二十年、デフレ不況の間に、日本の消費者心理は大きく変わりました。「いいものでも、それが安くなるまで待とう」「モデルチェンジのたびに買い替えるなんてバカバカしい」と考えるようになった。スマホのような一部の人気商品はモデルチェンジする度に買い換えることがあるかもしれないけれど、クルマは完全にそうなっています。

モデルチェンジということでは、アップルのスティーブ・ジョブズ（注2）の何がすごいかというと、アイデアよりもアメリカの国民性を変えたことだと思います。かつての日本人が「モデルチェンジしたから買いたい」「高くてもいいものだったら欲しい」と思った時代に、アメリカ人は壊れるまで買わなかった（私の留学中それを実感しました）し、「これはいい」と思っても価格が高ければ買わなかった。それがスティーブ・ジョブズによって、モデルチェンジがあると買い換えたり、「高くてもいいもの」を買うようになった。なぜ変わったかはわからないけれど、アメリカ人の消費者心理を大きく変えたことが世間で言われていないジョブズ革命だと、私は高く評価しています。

注1　ベータマックスとVHS　ベータマックスはソニーが開発した家庭用ビデオの規格で、一九七五（昭和五十年）年にビデオデッキが発売された。VHSは日本ビクターが開発した家庭用

ビデオの規格で、一九七六（昭和五十一）年にビデオデッキが発売された。

注2　スティーブ・ジョブズ（一九五五〜二〇一一年）アメリカの実業家。一九七六年にスティーブ・ウォズニアックとパソコンを開発し、アップル社を立ち上げた。一度、アップル社を辞めたが、一九九六年に復帰し、iPAD、iPHONE、iPADとヒット商品を送り出した。

人件費を増やして市場を拡大する

日本の経営者は「給料を上げると会社が潰れる」と言う一方で、社内留保、内部留保をせっせと貯め込んでいます。企業の純利益から税金、配当、役員賞与などの社会流出分を差し引いた残りが「内部留保」ですが、それをせっせと貯めこむのは、「従業員は一歩会社の外に出たら消費者になる。彼らに金を持たせたほうがいい」という視点が欠けているからではないか。黒字の会社が内部留保を貯め込むことは、根本的に間違っていると私は思います。

数年前に経済誌で読んだ話ですが（今もそう変わらないと思います）、パナソニックであれ、ソニーであれ、トヨタであれ、ほとんどの大企業の人件費は売上高の一割ぐらいだそうです。賃金を増やすと会社が潰れるようなことが言われるけれど、五割増やしたところで、売上高に対する人件費の比率は五％しか増えません。一〇％が一五％になるだけです。極端なことを言えば、すべての会社が五割賃金を増やすと、マーケットが五割拡大し、可処分所得は倍ぐらいになります。そこで商品の価格を三割高くしても売れるでしょう。つまり、売上高の五％分の経費を賃金に回すことで、三割の商品値上げができるわけです。反対に、賃金を五割カットすると、売上高の五％しか浮きません。もし、すべての会社が給料を半減させたら、ほとんどのものが売れなくなってしまうでしょう。商品価値を三割引にしても売れないという事態が起こるわけです。

要するに、賃金を上げるというのは経済的にみて、テコの原理、つまりレバレッジ効果が働いて、少ない資金で大きなリターンが得られるという話です。それが事実かどうかは、実際にやってみないとわからないかもしれないけれど、日本で従業員の給料が上がった「一億総中流」時代に、経済がよくなったことは確かだと思います。実は、今から百年前にフォード自動車の創業者ヘンリー・フォードは従業員の給料を三倍にして、ほかの会社もまねをせざる得なくなって、自動車を買える人が大幅に増えてモータリゼーションの時代を生み出したという歴史があります。いまからでも遅くありません。内部留保を貯め込むぐらいなら、社員の給料を上げたり、パートの人を準社員化したり、時給を十円でも上げたりするほうが景気がよくなるのではないでしょうか。

それにしても不思議なのは、赤字なのに内部留保が減らない（?）会社が存在することです。内部留保はたくわえなので、赤字でも、それが有ってもおかしくないと思います。ただ、なぜか赤字でも内部留保が増えたりする会社があるのはおかしいと思います。どういう操作でそんなことができるのか、よくわかりません。

格差が小さい方がやる気は失せない

世の中の人たちは「大きく差をつけたほうが、人はやる気になる」というのだけれど、教育心理学の世界では逆のことが言われています。目標が達成可能だと子どもが思わないと勉強しなくなるというものです。

マラソンが一番いい例です。前のランナーの背中が見えてるときは、わりと頑張れる。大きく引き離されて前のランナーが見えなくなると、やる気が失《う》せてしまう。だから、昔の日本のように、小さな差にしておいて、子どもの代で逆転できるとか、自分も頑張れば逆転できると思わせておくほうが賢いと思います。

銀行でも商社でもそうでしたが、さまざまな大学から採用された新入社員は、みんなスタート・ラインが同じでした。そこから徐々に差がついていく。入社した時点でエリート社員と一般社員の差があると、最初から一般社員のやる気が失せます。だんだんエリート社員に負けるとしても、途中まではとにかく「俺も頑張れば」と思わせる。多くの社員にやる気を持たせる上で、格差が小さいほうが効果的でしょう。

「新入社員は平等にスタートする」という日本的企業文化は近年古いといわれ、そういうシステムが否定されつつあります。外資企業は初年度から一千万円ぐらいの年俸を出すというような露骨な待遇格差をつけますが、そういう会社がずいぶん増えてきました。でもそれがいいことかどうかよくよく考えてみる必要があります。

「高賃金、高消費」で経済を活性化させる

経済学者の野口悠紀雄さんが書いていたことですが、第一次産業（農業、林業、漁業）の時代から第二次産業（鉱業、製造業、建設業）の時代になると、普通の国は人々が豊かになる。そして、第二次産業から第三次産業（金融、保険、小売、サービス業、情報通信産業）になると、もっと豊かになる。これがほとんどの先進国の成長神話だそうです。

ところが、日本だけは例外で、第二次産業と第三次産業の賃金を比べると、第二次産業のほうがいい。ここに日本が停滞する理由があると野口さんは分析していて、私は当たっていると思います。

日本は第二次産業に一千万人しかいない時代になり、第三次産業に従事する人のほうが

はるかに多い。したがって、第三次産業の賃金が増えれば、国全体に及ぼす経済的な効果は大きいはずです。

アメリカではレストランのスタッフのチップの相場は一八%くらいなのですが（私が留学していた約二十年前はこれが一〇%でした）、これがすべてスタッフ（お運びさんや厨房のスタッフ）に入ります。これによって、高級レストランほど、収入がよくなるので、いいスタッフが集められ、サービスもよくなる（日本人はそんなものをもらわなくてもいいサービスをする国民性ですが、アメリカはそうではない）のですが、それ以上に飲食業の人々の収入を増やす効果もあります。最低賃金も保証されているので、それプラスアルファで売り上げの一八%が人件費になるということになります。そして、チップは経営者が取ってはいけないと、法律で決まっているようで、それを経営者が取って、従業員からピンハネしていたことがニュースになっていました。こういうチップ制でなくても、もう少しサービス業の人たちの収入が増えるようにすべきです。

また、第三次産業の就労人員が多いということは、彼らによる内需が大きいということです。外需が多いように見えても、日本の輸出依存度は一五%程度です。内需がしっかりしない限り、景気は立て直りようがないのです。また外需頼りだと外国の顔色を見ていないといけないという側面があります。韓国は輸出依存度が四割を超えているので、中国やアメリカの顔色を常に窺うようになっています。そして、中国も四分の一程度は輸出頼りです。トランプが強気でいられるのも、アメリカの輸出依存度が八％に満たないという事情があるのでしょう。

内需を回していくためには、高給社会のほうが効果的だと私は思います。「高福祉、高負担」にひっかければ「高賃金、高消費」とでも言えるでしょうか。結果がどうなるかは、やってみないとわかりませんが、高度成長期の日本はそうでした。これによって日本は加工貿易国（中国はいまだにその側面が強いです）から内需主導型の経済に移行しました。経営者は給料が高いのは困ると文句を言わず、経済を効率的に回していくことに目を向けるべきです。

そこで気がかりなのは、日本人は「人はタダ」的な発想をする人が少なくないことです。たとえば、年収が一千万円ある高給取りなら、お手伝いさんを雇ったり、便利屋を雇ったりすればいいのに、すべて妻や夫にやらせたりする。家族を使う分には金を払わなくて済むからです。

こういう「人はタダ」的な発想は労働の対価を低く見る傾向を生み、それが日本にとって害を及ぼすと私は思っています。たとえば、介護であれ、保母さんであれ、とにもかくにも人が足りない。なぜそうなっているのかというと、介護保険も保育予算も人件費を安く設定しすぎているからです。

かつての日本は、いびつなぐらい人件費を高く設定していました。たとえば、都バスの運転手が定年間際に一千万円ぐらいの年収があった。これは公務員だからばかりではありません。昔は運転手さんもある種の特権階級だったのです。

私が灘中に入ったとき、親戚のおじさんから「変に学歴を持つと、プライドばかり高くなって、どんな仕事でもできなくなるぞ」と、嫌味を言われたことがあります。そして、「おまえは知らないだろうが、汲み取りのおっさんのほうが、東大を出た人より給料がいい」という話を聞かされました。

公務員だから高かったのか、人手が少なくて汲み取りの諸手当がついて高かったのかはわかりません。いずれにしても、昔の日本人は「人のコスト」を高く計上していた。ある時期から「なるべく安くしよう」と変わったと思います。

十万円の損は二十二万五千円分の得と同じインパクトがある?

二十年不況というのか、三十年不況というのか、とにかくアベノミクスで多少、会社の収益力は一息ついたにもかかわらず、なかなか賃金に反映されません。こうなっては、「内部留保税」のようなものを取って、貯め込むのを許さないぐらいのことをすべきです。と言うのも、日本人の意識や行動様式を変えるのには税制を使うのが賢明だと考えているからです。

バブル華やかな頃、銀座に行ってもゴルフ場に行っても、中小企業の経営者でいっぱいだったことがあり、たいがい「税金で持って行かれるぐらいだったら」というようなことを話していました。「税金で持って行かれるぐらいなら」という発想でしか金を使わないのなら、下手に法人税を下げると、税金で持って行かれる分が少ないから金を余計貯めようとする。むしろ税率を上げて、経費を認めてやったほうが金は回ると思っています。

どんな収入でも所得税を一律一割にすることを渡部昇一さんと加藤寛さんが提唱しました（『対論「所得税一律革命」領収書も、税務署も脱税もなくなる』）。ＧＤＰが五百兆円あれば、一割の税率で五十兆円になるというのが、お二人の議論だった。一律になることで、累進性の〝逆差別〟がなくなり、日本人のどの階層も元気を取り戻し、経済も再生できると訴えていました。

税率フラットは、ある意味で正しい。しかし、インセンティブシステムとしてはどうでしょうか。日本人は節税を考えなくなると金を使わなくなり、金を貯め込むインセンティブにしかならないように思います。アメリカで減税をやると消費が増えるけれど、日本で減税しても消費が増えないのです。だから、増税して経費を認めるほうが、日本向きだと個人的には考えています。

ただ、ノーベル経済学賞を受賞しているダニエル・カーネマンに言わせると、「得」がなかなかインセンティブにならなくて、「損」がインセンティブになるのは、日本に限らず、アメリカでも似たようなものだそうです。つまり、「十万円儲けたい」という気持ちよりは「十万円損したくない」という気持ちのほうが強く、「十万円の損は二十二万五千円分の得と同じぐらいの心理的なインパクトがある」という説を唱えたのです。つまり、二・二五倍です。それが日本だったら、もっとレバレッジがかかるかもしれません。要するに減税して手取りが増えるより、増税して経費を使わないと損になるようにしたほうが心理的インパクトがはるかに大きく、消費のインセンティブになるというわけです。

法人税率も上げたほうが、企業はもっと経費を使うようになると思います。その代わり設備投資も経費として全面的に認めれば、日本企業はもっと強くなる。

そんなことをしたら、企業が海外に逃げていくというのなら、海外に逃げる企業には日本でものを売る際に、重税を課せばいい。そもそも、企業がその国に進出するかどうかは税率以上にその国でビジネスが成り立つかで判断されます。いくら税率が安くても、ものが売れない国には企業は進出しません（本社だけをそこに置くというのは、国際的にも禁止の方向になっています）。重税の代わりに経費を認めることで、日本でなら高いものでも売れるなら、多少税金を払っても日本に進出したがるのが、まともな経営者の発想でしょう。実際、日本の景気がよく法人税の高い時期に海外の企業はこぞって日本に進出しました。

あるいは、すべての商品に、その会社が日本にきちんと税金を払っているかのシールでも作って貼ればいい。ここのものを買っても、我々の福祉などに返ってこないのなら、多少安くても買わない心理が働くでしょうし、それこそ愛国教育で、そんなものをボイコットすることを教えていけばいいのではないでしょうか？

国力を支えるものは生産力より消費力が大きくなっている

かつて国力は生産力を意味していました。つまり、生産力の高い国は国力が強い。確かにそうだったと思います。

日米安保の意味を言う人はいろいろいるけれど、一九六〇年代の後半以降は、放っておいてもアメリカが日本を守ったと、私は考えています。なぜ、アメリカは日本を守るのか。ソ連が攻めてきて日本の工場を押さえたり、日本の技術を持って行ったりしたら、困るのはアメリカだからです。

だから、アメリカは否応なく日本をソ連から守らざるを得なかったのではないでしょうか。

しかし、いまは国力が生産力から消費力に変わっていると私は考えます。「ものを買ってくれる国」は「大事な国」ということです。

たとえば、中国がだんだん偉そうになっているのは、ものを買うからです。いまではヨーロッパなどが寄生虫のように、中国に買ってもらおうと思ってくっついてっている。日本人とて、中国人観光客のマナーの悪さには不満顔でも爆買いにはニコニコ顔になっている。そうすると外交的な発言力が強くなるわけです。

これは牽強付会《けんきょうふかい》かもしれないけれど、「ものを買ってくれる国」であることは国防にもつながるだろうと思います。「お客様の国」は攻められないでしょうし、そこを得意先にしているよその国が勝手に守ってくれることも考えられます。

ユダヤ人はよく「頭の中だけは持って行かれないから教育をする」と言いますが、知的レベルの高さもまた、国防につながるでしょう。知的レベルが高ければ武器をつくる能力にしてもあるわけだけれど、何よりも高い知的レベルをよそに持って行かれたくないという理由で、つながりの深い国が勝手に守ってくれる可能性があると思うからです。

アメリカ留学で知った本当のアメリカ

前述したように、私が留学したアメリカ中西部のカンザスは、トランプ大統領当選の地盤となったラストベルト（注1）と似たような心性を持つ地域です。

このときの留学で「アメリカはダメだ」と思いました。西海岸と東海岸の豊かなアメリカ人を見て、みんなアメリカを理想化するけれど、アメリカの田舎の疲弊ぶり、一般国民の上昇志向のなさと知的レベルの低さを痛感したからです。

何よりも強く感じたのは、いま日本がそうなりつつあるから危険だと思っているのだけれど、大衆は貧しいものに慣れてくると、何でもかんでも安ければよくなることです。安い服を着て、まずくても安い食べ物を食べるようになる。

私が留学先で見たアメリカ人は、本当に貧乏くさかった。その当時、二十型ぐらいのテレビは二百ドル、ビデオデッキも二百ドルぐらいでした。当時、私が日本で買っていたのは、たぶん両方とも十万円ぐらいだったように記憶しています。

なぜ、アメリカのビデオデッキは安いのか。私が日本で買ったビデオデッキはS‐VHSというタイプで、アメリカで二百ドルで売られていたビデオデッキは、ツーヘッドというタイプでした。ツーヘッドのあとがフォーヘッド、そのあとがハイファイで、そのあとの世代がS‐VHSです。つまり、三世代前だから安い。そんなものが平気で売られていたのです。

「カローラ」でも新車が型落ちだったりしていました。それでも、みんな、日本車が故障しないからと言って買っていました。

それから、「ウォークマン」が二十ドルぐらいで売っていたのですが、初代の弁当箱サイズでした。私が持って行った「ウォークマン」はカセットケースサイズで、みんなが驚いた。「いくらするのか」と聞かれ、「四万円（当時で三百五十ドル）」と答えたら、もっと驚かれました。

秋葉原に来る当時のアメリカ人は、安いから買うのではなくて、本国で売っていない高性能のものが売られているから買っていたのだと、留学して初めて気がつきました。

「日本はアメリカに勝ったことがない」と、日本人はみんな思っているでしょう。しかし、少なくとも一九九〇年代は大衆の生活レベルで勝っていた気がします。

注1　ラストベルト　アメリカの中西部と大西洋岸中部の一部を指し、ミシガン州、オハイオ州、ウィスコンシン州、ウエストバージニア州、ペンシルベニア州などが含まれる。「ラスト」は「last」（終わり）ではなく、「rust」（錆）であり、鉄鋼、石炭、自動車などの主要産業が衰退した工業地帯であることを意味する。

第三章

日本人の道徳と治安のよさ

なぜ、日本人は道徳的なのか

「道徳教育が必要だ」という人はたくさんいますが、私は「道徳」を実は「道」と「徳」を分けて考えます。「道」は一般的な規範、「徳」はどちらかというと上に立つ人が持つべき規範だと捉えています。

「教育勅語」（注1）に対する批判が多いのはご承知の通りです。「臣民の心得」になっている点はまずいけれど、そこに挙げられた「家族を大事にしろ」「仲よくしろ」といった「道」の部分を、日本人は意外に守っている。「宗教の戒律のような強制力はないのに」と、不思議に思います。

日本が昔のようなムラ社会で、近隣とのつき合いや道徳を守らないと「村八分」にされる時代だったらわかりますが、都市化し、核家族化し、企業の家族経営は半ば崩壊し、格差もだんだん大きくなってきているし、道徳教育はそれほど学校でちゃんとやっていません。それなのに、なぜこんなに日本人は道徳的なのか。

一つ、考えられるのは親子関係です。日本人は母親がひたむきに子どもを育てるから、「親を悲しませたくない」という気持ちが強く、それが道徳的な行動を取らせているのかもしれません。「周囲の目があるから」「世間体を気にするから」という見方もできますが、周囲の目や世間体を気にするベースはやはり親でしょう。

「恥ずかしいことをすると、親が泣く」

この「親を泣かせたくない」という動機は、結構日本人の行動規範になっていると私は思うし、その意味では、日本人が悪いことをしないのは道徳観とか道徳教育の問題ではないような気もします。

そこでは親の愛情を十分受けていたかどうかが鍵を握っていると思います。格差社会の「負け組」になったとき、その人がヤケクソを起こして犯罪に走るかどうかは、親の育て方がいいか悪いかはともかくとして、親の愛情を十分に受けていない人のほうがリスクは大きいはずです。親孝行な人を「マザコン」「ファザコン」と言って蔑《さげす》んだり、過保護な親を批判するのは簡単なのだけれど、それは行き過ぎると危険なことなのではないでしょうか？

では、働く女性が増えると、どうなるか。ワーキングマザーが子育てよりも仕事のほうに価値や喜びを覚えてしまうと、少しまずいと私は思います。保育園に預けるにしても、それはあくまでも母親に対するサポートであって、母親は働いていることに多少引け目を感じるぐらいがいい。そのほうが家に帰ってから子どもに愛情をちゃんとかけるからです。働くことに引け目がなく、夫や保育園が育てるのが当たり前と思っていると、そんなに愛情がかけられるのかに疑問を感じてしまうのです。

介護家族に対して私は、「親を施設に入れるのは悪いことではないが、それが当たり前だと考えるのはまずい。親を施設に入れたことに多少引け目を感じて、月に何度かは見舞いに行くぐらいがちょうどいい」と言います。

日本人の場合は、在宅でひたすら介護するか、いったん預けたら安心してしまって何もしないか、どちらかに分かれるケースが多い。在宅で頑張りすぎる必要はなく、施設に入れてもいいのです。そのかわり、ちゃんと見舞いに行く。それと同じことで、働く女性が待機児童をなくせと権利を主張するのはいいけれど、子どもには愛情をかけてあげてください。また、行政は親が子どもに愛情をかけやすい環境を整備すべきです。

離婚については、あまりに当たり前にしないというのも大事だろうけれど、私の考えでは全然ＯＫです。それはしょうがない。仲が悪いまま、子どものために一緒に住んでいると、逆に子供を憎んだり、愛せなくなったりしやすい。だから、別れても、多少引け目を感じて、その分、愛情をかけてほしい。つまり、働く女性であれ、離婚であれ、「本当はしたくないけれど……」ぐらいのレベルには押さえておく。多少引け目を感じるぐらいのレベルで、ちょうどいいと思っています。

注1　教育勅語　「教育ニ関スル勅語」の略称。一八九〇（明治二十三）年に発布された明治天皇の勅語で、道徳と教育の基本を国民に示した。一九四八（昭和二十三）年に廃止。

徳がなくなってきた為政者と経営者

道徳教育というと、「親を大事にしろ」「家族を大事にしろ」「規則を守れ」といった「道」のほうの話ばかりされます。しかし、いまの日本人を見ていて、道徳の「道」はそれほど廃《すた》っているようには思えません。日本は治安もいいし、高齢者専門の精神科医として、親を介護する子どもの現状を見ても「親孝行が消失した」と言えるほどではないからです。

ところが、「徳」のほうはかなりなくなっています。だいたい「徳」を気にする金持ちはほとんど見かけないし、政治家は与野党の差もなく嘘をつくのが恒常化している。「ちょっと徳がなさすぎるだろう」と言いたくなります。週刊誌や新聞、テレビのワイドショーをにぎわす政治家の、暴言、金銭、下半身スキャンダルはあとを絶ちません。

日本の道徳リスクは、「道」のほうではなく、「徳」のほうにある。だから、最近は「徳」の教育をきちんとすべきだと私は主張しています。

経営者にしても、昔は土光敏夫（注1）さんのように、金持ちでも食事はメザシといった、清貧のイメージがあり何となく尊敬できる人がいたのに、いまは見当たりません。「尊敬できる人」とは、要するに「徳が感じられる人」のことです。それは二宮尊徳（注2）のような歴史上に名を残す偉人に限らず、会社の上司でも近所のおじさんでも、「尊敬できる人」がいてもおかしくありません。

では、「徳」にはどんな効能があるのか。上の人が悪いことをしていないと、下の人も悪いことをしないという面があるし、上の人が立派だと、下の人が「自分もそうなりたい」と思うということもあるでしょう。

私が東北大学病院の老年内科［現加齢・老年病科］で経験したことですが、病棟で患者さんに呼ばれたらもったいぶらずに出向き、遅い時間でも診察するという、腰の低い教授がいました。この人は患者さんにも部下の医局員にも威張らなかった。それがカッコいいと憧れたのか、もしくは「教授が威張っていないのに、自分が威張るのはまずい」と思うのか、医局の人間はみんな患者さんに低姿勢でした。

ところが、私が研修医だったころの東北大から北を一つ取った大学の老人科の教授は、患者さんに偉そうだったかどうかはわからないけれど、偉そうな態度で部下に接していました。教授が准教授をいじめ、准教授が講師をいじめ……というような構図になってくると、下っ端の医局員はそのはけ口をどこに向けるか。いまはナースをいじめると、むしろ医師が総スカンを食ってしまうので、ナースにはパワハラはできません。そこで患者さんに向かうわけです。

「大学病院は医者が威張っている」とよく言われるけれど、威張っていない科もあります。それはたぶん教授の人格次第なのです。大学病院で威張っている医者が多いのならば、本来医者になる資格のない人間が教授になっているからでしょう。

上が腰の低い人だと、下も腰が低くなる。上が偉そうにしていると、その下がさらに下に対して偉そうにし、その下がその下に偉そうにする。結局、部下の医局員が患者に対して威張るようなのを容認する医者が上にいたら、ダメの悪循環になると思います。大学病院のダメな医者は「勉強ばかりしてきたからダメ」なのではなくて、「教授がダメだからダメ」だと経験上私は思っています。

豊田真由子（注3）衆議院議員が秘書に暴行を加えた事件は、いじめられた秘書が下の秘書をいじめるというのがこれまでのパワハラのパターンだったと思うけれど、そうしないで反逆したところが新しい。しかし、相撲部屋にしても、会社にしても、上がひどい人間だと、その下が犠牲になるという悪循環の構図はいまでも根強くあるはずです。「上の人がどういう人か」は、実に大きなことなのです。

注1　土光敏夫（一八九六〜一九八八年）　石川島播磨重工業社長、東芝などで経営トップを歴任し、日本経済団体連合会（経団連）会長にも就任した。代用教員をしながら東京高等工業学校（現・東京工業大学）を出たが、栄達しても質素な生活を続け、「メザシの土光さん」と呼ばれた。

注2　二宮尊徳（一七八七〜一八五六年）　江戸時代の農政家、思想家で、通称は金次郎。小田原藩・相馬藩・日光神領などの復興を手がけた。勤倹を説いた思想は後世に影響を及ぼした。

注3　豊田真由子（一九七四年〜）　前衆議院議員。東京大学法学部を卒業後、厚生省に入り、衆議院議員に転じる。二〇一七年、秘書に「ハゲー」などの暴言を吐き、暴行を働いたと週刊誌に報じられた。同年十月の総選挙で落選。

地位と富のリンク

学歴社会とされる世界中の国の中で、学歴・地位・金（収入）はリンクするのが普通です。特にアメリカは、学歴と金（収入）がものすごく強くリンクしている。ところが、日本は学歴と地位が、リンクしても、地位と学歴が金と必ずしもリンクしていません。たとえば、長者番付があったころ上位にあがる人は高学歴者というより、土地成金だったり、パチンコ屋や、不動産の経営者だったりした。日本はその点で特異だと思います。

「地位と金がリンクしない」という価値観が、日本の長い伝統かどうかはわかりません。奈良・平安時代以降、荘園の支配権をめぐる争いはものすごく拝金的でひどい時もあったようです。それを念頭に置いたのかどうか、江戸時代の「武家諸法度」（注1）にしても、「士農工商」という身分制度にしても、「地位と金をリンクさせたらろくなことがない」という知恵が働いてそういう考えが出てきたらしいのです。地位の高い人間が金まで持つとろくなことをしないから、地位と金は分離したほうがいい。そこで、江戸時代の日本は地位と金の分離を世界に先駆けてやったわけです。

金持ちの子は自動的に金持ちになれますが、学歴のほうは自動的に高学歴にはならない。日本の学歴社会が金とリンクしていなかったから、一九六〇年代、七〇年代までは、身分のシャッフルが結構起こっていました。身分のシャッフル、入れ替えが起こることによって、活力のある社会ができるのです。

ジョージ・ブッシュが大統領だった時に、相続税の税率をものすごく低くするという政策に対して、マイクロソフトのビル・ゲイツの父親や投資家のウォーレン・バフェットが、「そんなことをしたら、国の活力がなくなる」といって反対しました。金持ちの人がそう言うのだから、それは極めて愛国的な態度だと思います。しかし、相続税減税は実施され、アメリカは社会の格差を拡大する方向に進みました。日本では相続税の負担が若干強化はされてきていますが、節税目的で祖父が孫に教育資金を与えたりできるようになっています。いまの日本は先人の知恵を生かしていません。だんだん日本もアメリカ型に近づきつつあり、私のいうところの「新学歴社会」（これまでの学歴社会は学歴で高い社会的地位を求めるものでした）では東大卒の人たちが拝金に走っている。また、いまの金持ちはどんどん卑しくなっている。税対策のためだけに、海外に資産を移したり、貸し金庫にせっせと「現金」を貯めこんだりしています。この現状を見るにつけ、日本で道徳教育をするのなら、日本の保守としては、「徳」というものを守るよう主張すべきだと思います。

注1　武家諸法度　徳川幕府が定めた武家を統制する法である。第二代将軍・徳川秀忠が出し、第三代将軍の家光以降、第四代将軍・家綱、第五代将軍の綱吉、第六代将軍・家宣と改訂されたが、第八代将軍・吉宗が綱吉の時代のもの（天和令）に戻して、幕末まで続いた。

税金を高くしたら国を出ていくのは非国民

「日本は保守イコール反共だから、保守が資本主義に対して甘い。しかし、普通の国の愛国者は私有財産より国のほうが大事だ」と西尾幹二さんが書いていたような気がしますが、「私有財産と国とどちらが大事か」と聞かれたとき、その点では、私はかなり〝ラジカルな保守〟ですから、「国に決まっている」と答えます。もし、愛国教育をするとしたら、「日の丸を掲げろ」とか「君が代を歌え」という前に、「金と国だったら、どちらが大事か」を教えるべきです。

その意味で、「税金を高くしたら国を出て行く」と言う人は、私からすると非国民以外の何ものでもありません。「税金が高いと金持ちが国を出ていく」という議論において、「逃げて行きたかったら逃げて行かせたらいい」と私なら言います。そのかわり、外国が嫌になって日本へ帰って来たときに、これまでに払わなかった税金に加えて追徴金を取る。それを払わなければ帰れなくすればいいのです。

あるIT企業の共同創業者だったと思うのですが、彼が税逃れのために海外に出て行ったあとで、「税逃れのために国を出て行った人間がもう一度入国したら、刑務所に入らないといけない」というような法律をアメリカがつくりました。アメリカはそういうことをする国です。もっとも、その人はもともとが移民だったようで、アメリカに帰らなくてもいいと、たぶん思っているのでしょう。

イギリスも一時期累進課税がひどくて、金持ちが大勢アメリカに移りました。ヨーロッパではスポーツ選手が高い税金を嫌い、国籍を移した話も聞きますが、世界で最も税金の高いとされるスウェーデンの歌手ＡＢＢＡ（アバ）の四人のメンバーは莫大な税金を払っていても、「私たちはこの国が好きだ」と言っているそうです。

日本でも税逃れのためにシンガポールに移住することが流行りました。でも、みんな嫌になって、結構帰ってきている。シンガポールは暖かいし、食事もおいしい。治安だっていい。それですら日本のほうがいいと、恋い焦《こ》がれる。日本人の場合は欧米人とは少し感覚が違うようで、それは日本としては喜ばしいことです。

これはずるい考えかもしれないけれど、英語ができないほうが海外に逃げられるリスクは減ります。でも、それ以上に、日本が戻って来たくなるような国であることが重要でしょう。だから、「税金を上げたら逃げられる」という心配をするより、「税金を上げても住んでいたくなる国をつくる」のが、為政者の仕事だと思います。ちなみに、日本には一所懸命に税金を納める会社があります。莫大な利益をあげることで有名なトヨタです。最近はどうか知らないのですが、豊田佐吉以来の社訓みたいものがあって、経費を一円でも節減して利益を出せといわれるらしい。だから、いくら儲かってもあまり経費に使わせてくれない。その理由は、国に税金を納めることが社会に対する奉仕だからだそうです。いまは国でなく「株主に還元しろ」という声が強くなっているけれど、トヨタはそういう発想だったといいます。

治安のよさは国際的競争力である

いずれにしても、「日本という住みよい国で生活したいのならば、税金が高くても、それは我慢してください」という発想があっていいと思います。では、高い税金を払ってでも日本に住むメリットはどこにあるのか。

「治安がいい」「食べ物がうまい」「おもてなしの心がある」「気候がいい」「伝統文化がある」「外国語が使えなくても生きていける」等々、いろいろあるでしょう。実際、イギリス人の金持ちがアメリカに移住したがったのも、英語が通じること以上に、アメリカのほうが食事がおいしいとか、自由だという側面もあったようです。日本の治安のよさや食事のおいしさ、おもてなしの文化のよさというのは、海外に住んでみないとわかりませんが、それが維持されるだけでも、海外に逃げても、戻ってきたくなるはずです。

その中で一番大きな魅力は「治安のよさ」だと私は思っています。

「治安のよさ」は海外の人も指摘する「日本の長所」です。海外から日本にやってくる観光客は、「名所旧跡を訪ねる」「美味しいものを食べる」という目的もさることながら、「夜、町に飲みに行っても、強盗に襲われる心配がない」「スリやひったくりに遭わない」という治安のよさを高く評価しています。

世界の大都市には、建物のきれいなところが数多くあります。しかし、景観や交通の利便性で大差があるかというとあまりなく、特にアメリカの大都市はそうですが、治安がよくない（景気がよくなってかなり改善されましたが）。究極的には、治安のよい日本に住みたいと思う外国の金持ちは増えるでしょう。そういう意味では、治安のよさが国際的な競争力になるわけです。

東日本大震災ではときどき火事場泥棒があったけれど、諸外国と比べて、圧倒的に少ないことは世界的に知られています。被災地で人のものを盗んだり、我先に水や食料を奪おうとする欲望より、助け合う精神のほうがずっと強かった。そういう日本人の道徳観は誇っていいと、常日頃思っているのですが、その道徳観に支えられて、日本は治安がいい。それもまた日本人が誇るべきことであり、日本という国の治安のよさは守っていかなければなりません。

終身雇用、年功序列が日本の治安を維持してきた

いまのところ、治安のよさは失われていません。しかし、日本の治安を損なうリスクは存在し、その最大のものは格差社会だと私は見ています。

安倍政権がデフレ対策として円安政策を取ったとき、普通だったら資源の購入価格が上

がってインフレになり、庶民生活がかなり苦しくなって、たちどころにアベノミクスに対する批判や反論が増えたはずです。ところが、円安になった以上に、原油の値段が三分の一ぐらいに下がったので、通貨安定策の弊害が出なかった。安倍首相はラッキーボーイです。同様にラッキーだったのは、格差社会化が進んでいるのに日本の治安が悪くならなかったことです。これは僥倖《ぎょうこう》というより他にありません。

普通の国であれば、貧富の差が拡大すればするほど、貧困層の人たちが麻薬に手を出したりして、犯罪に走ります。失うものが少ない人ほど、悪いことをするのです。逆に考えると、社会秩序を一定の水準に保つためには、貧富の差を大きくしてはならないということになります。つまり、「貧困をなくす」というのは、単なる善意や道徳の話ではなく、治安維持のために見出した先人の知恵と言ってもいいでしょう。欧米の福祉にしても、基本的には慈愛の心やキリスト教の道徳だけからやっているのではなく、「それをやらなければ治安が悪くなる」という知恵だと思います。

その意味では、道徳教育の強化や法律を厳しくすることだけで、治安のよさは守れません。たとえば、殺人を犯した人間はすべて死刑にすればいいと思われがちです。厳罰化の効果は多少あるかもしれませんが、そうすると今度、コソ泥が増えたりする。そこは単純ではないのです。

日本の治安のよさを維持してきた大きな理由の一つは、企業の終身雇用制度、年功序列の給与システムが大きいと私は考えています。終身雇用、年功序列の枠組みにいる限りにおいては、そこそこの生活が保証される。そこからドロップアウトしてしまうと、かなり惨めな暮らしが待っている。そうであれば、悪いことはなかなかできないでしょう。

また、終身雇用、年功序列の枠組みから離反して犯罪者になった場合、自分はいいとしても、子どもの就職に悪い影響があったりする。こういうことも抑止力になっていたと思います。いろいろな社会システムを駆使して、日本は治安のよさを維持してきたわけです。

外国人リスクより格差リスクのほうが深刻な問題だ

格差が大きくなり、非正規雇用率が増えているのに、なぜ日本の治安が思ったほど悪くならないのだろうと、私はものすごく不思議に感じます。もっとも、終身雇用、年功序列が崩壊した後、社会からドロップアウトし、凶悪犯罪に走った人も出てきてはいます。秋葉原で無差別殺傷事件を起こした加藤智大がそうでしょう。でも、日本ではきわめて例外的事件です。

数千の単位でいると言われているのが、年金が少なすぎるとか、生活保護が受けられないからという理由で、わざと万引きや無銭飲食をして捕まる人です。万引きや無銭飲食で捕まるぐらいは、超かわいいではないですか。刑務所に長く入っていたかったら、人を殺したほうがいいとか、どうせ刑務所に入るのなら、いい女をレイプしてから入ろうという事件があまりないのは、本当に僥倖だと思います。

「もうそろそろ日本もそうなるのではないか」と私が思った時期は何回かありました。渋谷でオヤジ狩りをした連中のように、失うものがない人たちが現れたときがそうです。ただ、言われるほどは流行らなかった。それはよかったのだけれど、「いつ崩れるか」と心配でなりません。

治安の悪化を懸念するとき、外国人リスクがしばしば指摘されます。確かに外国人リスクは無視できません。お金がなくて日本に稼ぎにくるような外国の人たちは、本国ではみ出し者の人も少なくないでしょうし、「失うものがない。犯罪でも何でもやる」という発想になりがちでしょうから、労働力不足だからといっても外国人をむやみに入れないほうがいいでしょう。少し辛抱すれば、ＡＩと人間の代わりをできるロボットが次々と開発されて単純労働者の不足は解決するのですから。それ以上に、格差リスクや、上のほうの人の徳がないリスクのほうが大きいと私は思っています。

日本人は根がまじめなのか何なのか、よくわからないけれど、格差社会になって非正規雇用に陥っても、犯罪に走らない。しかし、格差がますます大きくなっていけば、これまで通りに日本人は悪いことをしないと安心していられません。一定の限界を超えてしまうと、一気に治安が悪化する危険性を念頭に置いておくべきでしょう。油断は大敵です。

安倍政権が油断している点はいくつかあります。と言っても、森友学園問題（注1）や加計学園問題（注2）のようなスキャンダルの発生が油断だとは思いません。それよりも何よりも、格差社会是正への甘い対応が最も大きな油断だと私は思うのです。

注1　森友学園問題　大阪市淀川区に本部を置く学校法人森友学園が、大阪府豊中市に小学校を開校するにあたって、二〇一七年に起こった騒動。小学校開設の認可を申請している時期に、安倍晋三首相の妻・昭恵が名誉校長になったり、学園側が安倍晋三記念小学校の名義で寄付金を集めたことや土地売却金額が安いことなどが問題視され、安倍首相の関与が疑われた。籠池泰典理事長は国会の証人喚問を受け、二〇一七年七月に補助金申請における詐欺容疑で逮捕された。

注2　加計学園問題　岡山県岡山市に本部を置く学校法人加計学園が、愛媛県今治市に岡山理科大学獣医学部を新設するにあたって、二〇一七年に起こった騒動。国家戦略特区を活用して獣医学部設置の認可を申請したが、安倍晋三首相と加計学園理事長の加計孝太郎に交友関係があることから、友人に便宜を図ったと疑われた。

第四章

クレバーな外交力を取り戻せ

北朝鮮がICBMを持って一番困るのは誰か

北朝鮮が核兵器を持ち、それをICBM（大陸間弾道ミサイル）としてアメリカにも直撃できる軍事力を持とうとしていることについて、日米を含めて世界中が「何とかしなければいけない」と思っています。国連による非難決議もされています。

しかし、ふと考えてみたのです。別の見方をすれば、「これはすでに核兵器を持っている国以外につくらせないということであり、核兵器の保有国——特にアメリカ——が既得権益を守ろうとしているのではないか」と。

その意味では、北朝鮮に対する経済制裁の一環で、アメリカが日本に「北朝鮮を何とかしてくれ」と頭を下げてくるのならわかるけれど、日本がアメリカに「北朝鮮を何とかしてくれ」と頭を下げる話ではないだろうと思います。

とりわけICBMに関しては、そうあってしかるべきです。北朝鮮がICBMを開発すれば、本土が射程内に入るアメリカは新たな脅威に直面する。しかし、北朝鮮がすでに持っているミサイルは日本に届くだけだから、北朝鮮が新たにICBMを持とうが、日本にとっての脅威は変わりません。今回の一連の流れで韓国が意外に冷静なのも、彼らにとっては、北朝鮮の通常兵器や生物化学兵器で、十分に厄介なのですから、新たに核を持とうが、ＩＣＢＭを持とうが大した違いがないと思っているのかもしれません。「北朝鮮が核兵器を持ったら、どの程度困るのか」を考えたとき、「日米は同じくらい困る」「日本のほうが困る」と考え方はいろいろでしょうが、「北朝鮮がＩＣＢＭを持ったら、どの程度困るのか」については、日本はそれほど困らず、アメリカは大いに困るはずです。

こういうことが起こったときに、「われわれにとって得か、損か」「どこの国が一番損するのか」という冷静な計算、要は戦略的思考を、日本は戦後しなくなった気がします。

昔、中国が核兵器をつくり出したとき、いまの北朝鮮のように、アメリカや日本からいろいろと言われましたが、現在は既成事実化して何も言わなくなっています。つまり、いったん持ってしまえば既成事実化する。それが現実です。また、中国問題に厳しい評論で知られる富坂聰さんは、核武装を済ませた中国は防衛に不安がなくなったのか、資本主義化にまい進していったことも指摘しています。北朝鮮だって、この可能性もゼロとは言えません。

文革（注1）時代の中国は、少し頭がおかしい指導者たちがいました。いまの中国の指導者はその点でマシだろうと思うけれど、北朝鮮の指導者が文革の頃の中国のようであれば、大きなリスクがあります。したがって、「あの狂犬に核兵器を持たせてはいけない」という発想は当然あっていい。ただ、いくら頭のおかしい人間でも、死にたくはないでしょうから（贅沢な暮らしをしていると余計にそうなります）、北朝鮮の指導者は外交の道具として、北朝鮮は核兵器やＩＣＢＭの開発を急いでいると考えるほうが妥当でしょう。万が一、核兵器を使ってしまったら、即座に滅ぼされます。たぶん、脅しの道具としてつくっているだけだと私は見ています。

注1 プロレタリア文化大革命　「文革」は略称。復権を目指した毛沢東が人民を扇動し、政敵を失脚させるための政治闘争の色が濃い。一九六六年から七六年まで続いた騒乱状態は、中国に大きな停滞をもたらした。

言うべきことを言わないと本当に舐められる

北朝鮮に外交的、経済的な制裁をかけるなど、日本が少々やったところであまり実効性がないように思います。北朝鮮に対して、日本がやれるだけの制裁はもうやり尽くしている。これ以上できる制裁は数が限られます。その一つとして、パチンコ屋が持っている金を全部、徹底的に税務調査することがあるでしょう。あるいは、福岡で強盗事件があった同じ日に海外へ七・三億円の現金を持ち出そうとした韓国人が福岡空港で捕まりました（注1）が、キャッシュを持ち出さないように、空港で出入国する朝鮮国籍を持つ人などの荷物を徹底的にチェックするのもいい。そのほうがよほど経済制裁として有効であり、基本的に言葉による外交の脅しなど、向こうは屁とも思わないでしょう。

それにしても、地方空港でたった一日きちんとスーツケースを調べただけで、七億円のキャッシュが出て来たのには驚きました。成田空港や羽田空港で毎日ちゃんと調べたら、何百億円と出て来るかもしれない。そういう金がマネーロンダリングに使われたり、北朝鮮に流れていない保証はありません。それだけはきちんと調べたほうがいいと思います。仮に一日に三十億のキャッシュが国外に出ているとすれば、年間一兆円くらいになります。その一％で北朝鮮の国家予算が賄えるのです。もちろん、北朝鮮に流れなくても、この手の金は脱税の温床になり、国が損をすることになります。また、麻薬や覚せい剤などの資金源になり、日本の治安に跳ね返ることもあり得ます。

かつて新潟港に寄港していた北朝鮮の万景峰号（注2）はほぼノーチェックでした。日本人の拉致が明らかになってからは、少しチェックが厳しくなったようですが、日本から北朝鮮に秘かに流れた金は結構多いと思っています。逆にいえば、彼らにとって日本は最大の金づるです。だから、北朝鮮が日本にミサイルを落としてこないと、私は信じています。

北朝鮮に対しては、核開発やミサイル開発を進めていることより、日本が本気になって怒らなければいけないことがあります。たまたまニュースで見たのですが、北朝鮮の漁船が日本の排他的経済水域（ＥＥＺ）内に入って、かなりひどい違法操業をしているらしいのです。海上保安庁が拿捕《だほ》をするなり何なり、きちんとした対応をすべきです。武器の開発に対して外交圧力をかけるのは、広い意味の内政干渉だけれど、違法操業をされていることは、明らかにこちらをバカにした行為であり、そんな船を沈めるぐらいのことは、やってもいいと思います。しかしせいぜい〝放水〟でしか対処していないらしい。これでは舐められます。アメリカの都合の悪いことなら必死になって文句を言うのに、自分の国が何をされても文句を言わない国だと相手に思われるだけなのですから。

私から見ると、安倍首相は北朝鮮に対して口では強いことを言うのに、アメリカにはかなり低姿勢です。北朝鮮は確かに異常国家だから、肩を持つつもりはないけれど、そういう印象を受けます。

この前の日中首脳会談（注４）でも、安倍首相はパンダは元気ですなどと言っていました。でも、劉暁波《りゅうぎょうは》（注５）さんがガンで末期になっても外国で治療を受けられないという人権問題に関して、ひとことぐらい言ってやればいいのです。ところが、中国にさえ、言うべきことを言っていない。ましてアメリカにはもっと言えない。保守の一人として「それはどうなのか」と思ってしまいます。保守と言っていいかどうかわからないですが、日本人の任侠道《にんきょうどう》としては「強きをくじき、弱きを助け」がスタンダードのはずなのに、安倍首相のやっていることはその逆に見えてしまうのです。

注1　福岡空港における現金持ち出し事件　二〇一七（平成二十九）年四月二十日、現金約七億三千万円を許可なく福岡空港から国外に持ち出そうとした韓国人四人が逮捕された。同じ日にみずほ銀行福岡支店で、約三億八千万円が強奪される事件が起こっている。

注2　万景峰号　北朝鮮保有の貨客船。一九九二（平成四）年に二代目の船が就航した。北朝鮮による弾道ミサイル発射実験と核実験を理由に、二〇〇六（平成十八）年から日本への入港禁止措置が取られたが、弾道ミサイルの部品や日本円の持ち出しなどの不正疑惑が指摘されている。

注3　日本の排他的経済水域における外国漁船の違法操業　二〇一七（平成二十九）年六月に、北朝鮮のものとみられる漁船が、日本の排他的経済水域（ＥＥＺ）内にある大和堆で違法操業をしていることが報道された。産経新聞によると、事故を回避するために別の海域に移動した日本の漁船もあったという。

注4　二〇一七（平成二十九）年七月の日中首脳会談　二〇一七年七月にＧ20サミット出席のた

めハンブルクを訪れた安倍晋三首相は、習近平国家主席と首脳会談を開いた。外務省のウエッブサイトによると、このときに「習主席と共に日中国交正常化四十五周年を祝したい」「先月上野動物園で生まれたパンダも元気に育っている」などと話した。

注5　劉暁波（一九五五〜二〇一七年）　中国の人権活動家。二〇〇八年に中国の民主化を求める「零八（08）憲章」を起草し発表すると、国家政権転覆扇動罪で懲役十一年の判決を受けて投獄された。二〇一〇年にノーベル平和賞を受賞したが、授賞式には出席できなかった。二〇一七年六月に末期の肝臓がんと当局が発表、国外での治療は認められず、七月十三日に亡くなった。

明治維新から七十年後と戦後七十年後の違い

先日、講演で沖縄を訪れたとき、乗ったタクシーの運転手が「前のクルマがYナンバーだ。気をつけないと……」とつぶやきました。「Yナンバー」とは、米軍の人が乗る車輛です。なぜ、Yナンバーに気をつけないといけないのか。交通事故を起こした相手がYナンバーのクルマだと、一応警察は動くものの、すぐに引き上げるそうです。しかも、裁判は日米地位協定の規定によってアメリカがやります。だから、Yナンバーのクルマは他のクルマに当たろうが何しようが平気だし、酔っ払い運転で人をはねる事件はしょっちゅうあると聞きました。最近になって、さすがにレイプ事件は大騒ぎするけれど、このレベルでの「治外法権」のほうが庶民感情としてはもっと深刻な問題だと思います。

「不平等条約」である日米地位協定を受け入れたまま変えようと努力しないというのは、日本人の気概がなくなっている証拠です。

明治時代以降の日本は不平等条約との戦い（注1）を続けました。アジアの三等国家としてバカにされたくないから、ありとあらゆる手段を使って克服しようともした。鹿鳴館《ろくめいかん》外交もそうでしたが、たとえば、日露戦争のときは、日英同盟を組みました。日本とロシアの一対一の戦争だとイギリスが参戦してくれるわけではないけれど、別の国が関与してくれれば助けてもらえるという形の日英同盟をつくっておくことで、ロシアもあまりひどいことができないようにする効果はあったでしょう。戦略的思考が生きていたわけです。

明治時代は、あっという間にヨーロッパの近代文明をキャッチアップしましたが、それは単なるキャッチアップではなく、不平等条約を改正しようとしたり、きちんと権利を要求する形でのキャッチアップでした。普通に考えたとき、明治以降の日本が文明開化で西洋のものを取り入れようとしたこと以上に、精神面を含めた独立を勝ち取ろうとするという気概もそれなりにあったと思います。

明治維新（一八六八年）から七十年後に日中戦争（注2）が始まっていましたが、敗戦後七十二年目の現在、アメリカから「独立」するという気概が日本には感じられません。少なくとも戦争で負けた際に押し付けられた不平等条約を変えようという意志はまったく感じられません。それでいいのかという気がします。

私が保守として、安倍首相に不満な点は、対米追随もそうなのだけど、「憲法を変える」「戦後レジームからの脱却」と言うくせして、日米安保条約（注3）にしてもサンフランシスコ講和条約（注4）にしても、不平等条約であることに言及しない点です。つまり国内でできることしかやらず、外交でなすべきことをしないということです。

サンフランシスコ講和条約には、独立するためにいやいや飲まされた部分があります。たとえば、極東国際軍事裁判（注5）史観というものを肯定しないといけない。サンフランシスコ講和条約に「判決を受諾する」と明言されているからです。

いろいろな学説はあるけれど、デュー・プロセス（法に基づく適正な手続き）から言えば、「日本が独立したかったから、サンフランシスコ講和条約に無理無理判子を押させられたのであって、パール判事（注6）も言っているように、極東国際軍事裁判は不当判決だと思っている。東条英機らA級戦犯は裁判による死刑判決で死んだのではなく、われわれとしては、連合国に殺された戦死者だと見ている。だから、靖國神社に祀られて当然だし、参拝にも行く」というのだったら、話はわかります。そこをきちんと合理的に内外に説明しないから、靖國神社に参拝することが、「悪いことをして死刑になった人間を祀るところになぜ行くのか」という話にされてしまうわけです。

A級戦犯が戦死者でなく、戦争犯罪により罰せられた刑死者であったとすれば、そもそも合祀するのがおかしい。「A級戦犯の死は、勝った国が負けた国を軍法裁判で裁いた結果の死だ。あなた方が殺した人であって、われわれは裁判死ではないと思っている」というのであれば、戦死になるわけです。そうでなければ、本来なら靖國神社に祀ることはできません。

現実にA級戦犯の合祀の前は天皇陛下も総理大臣も堂々と靖國神社に参拝していたし、誰も非難しなかった（一部の極左は非難していたのかもしれませんが）のですから。

いずれにしても、誰が戦死者かを、日本の判断で決められない。そこが不平等条約だと思うわけです。

注1　条約改正　一八五八（安政五）年に日本の徳川幕府がアメリカ、ロシア、オランダ、イギリス、フランスと結んだ通商条約は、「領事裁判権を認め、日本の法律で外国人を裁けない」（治外法権）と「関税自主権がない」などの点で、日本に不利な条約だった。一八九四（明治二十七）年に陸奥宗光外相が日英通商航海条約で治外法権を撤廃させ、一九一一（明治四十四）年に小村

寿太郎外相が関税自主権を回復して、日本は欧米列強と対等の立場に立った。

注2 日中戦争　一九三七（昭和十二）年七月の盧溝橋事件から始まり、一九四五（昭和二十）年八月に日本が降伏するまで続いた、日本と中国の戦争。日本では「支那事変」「日華事変」「日支事変」などとも呼ばれた。

注3 日米安全保障条約　「日本国とアメリカ合衆国との間の相互協力及び安全保障条約」の通称。一九五一（昭和二十六）年のサンフランシスコ講和条約と同時に結ばれた日本とアメリカの軍事条約である。一九六〇（昭和三十五）年に改定された。

注4 サンフランシスコ講和条約　一九五一（昭和二十六）年に、第二次世界大戦を終結させるためアメリカなどの連合国と日本との間で結ばれた平和条約。ソ連、中華民国、インドネシア、インドは調印せず、ソ連以外とは直接、講和条約を締結している。この条約で日本は主権を回復した。

注5 極東国際軍事裁判　通称は「東京裁判」。連合国が第二次世界大戦における日本の戦争犯罪を裁いた軍事裁判で、一九四六（昭和二十一）年五月から一九四八（昭和二十三）年まで開かれた。A級戦犯容疑で訴追されたのは二十八名。

注6 ラダ・ビノード・パール（一八八六〜一九六七年）　東京裁判の判事を務めたインド人で、日本では「パール判事」「パル判事」の呼び方で知られる。判決に対する反対意見を記した意見書

（「パール判決書」）では「平和に対する罪」「人道に対する罪」を事後法と指摘して東京裁判のあり方を批判、被告人全員を無罪とした。

「経済的な力関係」と「カード」

サンフランシスコ講和条約で「極東国際軍事裁判の結果には文句を言わない」と強いられていることについては、「日本だけが人道的にひどいことをやったと、われわれは認識していない」「極東国際軍事裁判の判決が、百％正しいわけではない」ぐらいのことは、自由に論じたいものです。そして、「極東国際軍事裁判史観がない形の新しい日米平和条約をつくりませんか」とアメリカに対して言ってもいい時期だと思うのです。

ことほど左様に、日本は憲法も条約もめったに変えようとしないけれど、国際的には一回結んだとしても力関係で変えられるのが条約です。実際、アメリカはいま、温暖化対策を決めたパリ協定（注1）から脱退すると勝手なことを言っているし、政権が代わると前政権が結んだ条約や協定は有効ではないと言い出す例は、歴史上、しょっちゅう起こっています。

極端なことを言うと、「サンフランシスコ講和条約も日米安保条約も、ときの吉田政権が結んだ条約であり、新政権のわれわれは知らない。われわれと新しい国交を結ぶ条約をつくろう」と言うことだって、理屈の上はできなくないのです。

そういう取引をするとき、普通は二つの条件が必要になると思います。

一つは「力関係」です。つまり、向こうがこちらから金を借りている国であったり、向こうがこちらにものを買ってもらわないと成り立たない国であれば、それを〝武器〟にして言うことを聞かせることができます。

昔は日本がないと食っていけなかった国に韓国がありました。日韓基本条約（注2）を結ぶことができたのは、あの頃、日本の金がないと韓国がやっていけなかったからでしょう。向こうとしては不服があったとしても、イヤイヤながらも判子を押したと私は思っています。その意味では、サムスンの製品が外国で売れるようになった現在、韓国が約束を反故《ほご》にしても食っていけると考えたら、日韓基本条約を守らないことはあり得るだろうし、新しい条約を求めたとしても不思議ではありません。

経済的な力関係を見ると、日本は、アメリカに買ってもらわなければ食っていけないというほどではない。「日本は貿易立国だ」と勘違いしている人が多いけれど、前述のように輸出はGDPの一五%やそこらしかなく、外国にものを買ってもらわなければ食っていけないというのは、昭和三十年代ぐらいまでの話です。しかも、アメリカに限っていえば、対米輸出が死活問題なのは一部の重工業だけです。そういう計算ができなくて、「アメリカに見放されたら日本は終わりだ」と思っている人は多い。だから、経済的な力関係を効果的に利用することがあまりできないでいる。

なお、経済的な力関係に比べて、軍事的な力関係で言うことを聞かせるのは、意外に効果が小さいと思います。「この条約を結ばないと、おまえのところに核を落とすぞ（どころか侵攻するぞ）」と、現行の文明社会では言えないからです。

もう一つの条件は「カード」です。たとえば、フィリピンのドゥテルテ大統領（注3）は、アメリカとの交渉に、「あなたがもし、この条件を飲まないのだったら、うちは中国につきます」というチャイナカードを持って臨みました。南シナ海で中国があれだけ傍若無人に振る舞っているのだから、本来なら米軍を追い出すわけにはいかないし、気持ちの上で中国の言うことを聞くのは癪《しゃく》かもしれない。それでも、「チャイナカード」を使ったわけです。

日本の場合、「反米」とまでは言わないにしても、アメリカと距離を置く政党が共産党や社民党ぐらいしかないのは、悲しいことです。もっと強力な反米政党があれば、貿易問題にしても、日米地位協定の問題にしても、アメリカが無理難題を押しつけてきたときに、「わが自民党としては、あなた方の言うことを聞いて判子を押したいけれど、そんなことをすると、次の選挙で反米の何とか党が勝ってしまう。そうすると、あなた方の基地を追い出せとか、条約を破棄するとか言い出す。そんな政権になったらまずいでしょう。だから、ここは譲歩してください」と言えるのです。

ところが、「自民党が選挙で負けて希望の党に政権が移ったところで、あちらも親米だから大丈夫です」とアメリカ側は考えていて、そこで舐められていると、私は思います。野党第一党だった民進党にしても、立憲民主党と希望の党に分裂させてしまったとはいえ、代表に選ばれた前原誠司氏は親米派として知られていました。彼は尊敬する人が恩師の高坂正堯《こうさかまさたか》さんという親米派の親玉のような人です。しかしながら、もし親米政党と親中政党が争っていたら、アメリカはもう少し日本を大事にするでしょう。かつての米ソ冷戦時代、非武装中立というか親ソ派の向坂逸郎《さきさかいつろう》さんが率いる社会主義協会が強かった日本社会党のおかげで、万が一の与野党逆転を恐れたアメリカは対日防衛圧力（防衛費増額要求）に慎重でした。

「経済的な力関係」と「カード」の両方を、日本は上手に使えずにいます。言い換えれば、「クレバーな外交ができていない」のです。

注1 パリ協定 二〇一五年にパリで開かれた気候変動枠組条約締約国会議（COP21）で採択

された、地球温暖化防止ための国際的な協定。二〇一六年にアメリカは批准したが、二〇一七年六月にトランプ大統領が離脱を表明した。

注2　日韓基本条約　一九六五年に結ばれた「日本国と大韓民国との間の基本関係に関する条約」の略称。この条約によって国交正常化がなされた。なお、同条約に付随して「財産及び請求権に関する問題の解決並びに経済協力に関する日本国と大韓民国との間の協定」が結ばれ、朝鮮への投資、日本人の個別財産のすべてを日本が放棄し、多額の経済援助を与え、韓国は対日請求権を放棄することに合意している。

注3　ロドリゴ・ドゥテルテ（一九四五年〜）　レイテ島の出身で、ダバオ市長から二〇一六年の大統領選挙に出馬し、当選した。南シナ海問題を棚上げして、中国から経済協力や武器供与を引き出している。

慰安婦問題で賢く反論するポイント

カードをちらつかせるということでは、韓国は「慰安婦」（注1）をカードにしています。

そもそも、当時はイギリスであれ、ロシアであれ、ドイツであれ、兵隊の性欲処理は現地調達でした。つまり、占領地域の女性をレイプすることで満たしていたわけです。そういうことをやると反日感情が強まるから、やらないようにしようと日本は考えて、言い方は悪いけれど、ゴミ袋を持って山登りをするようなことをしました。

ただし、いまのスタンダードでいけば、売春という行為そのものが禁止されているから、それをストレートに言い訳してもしょうがない。言い訳の仕方は、よほどうまくやらないといけません。

たとえば、「慰安婦は売春婦だった人たちで、彼女には十分な金を払っていた」と言ったところで、「おまえの国は売春を認めるのか」「金を払ったらいいのか」という言い方で攻撃されます。

そのため、日本の反論は、今の国際社会がどう受け取るかという計算が甘かったと思います。「あなたたちは現地民をレイプしていたではないですか。現地の人をレイプしないことが一番大事と思って売春婦を連れていったが、彼女たちの人権に関しては、十分な考えが及ばなかった」「現地民に暴行を加えたくない一心で、浅知恵でした。ただ現地民をレイプするほうが売春よりは心理的トラウマは大きいと、いまでもわれわれは思っています」というように、もう少し通じそうな言い訳を考えたほうがよかったのです。

もっとも、「強制連行」に関しては難しいところがあります。基本的に、親に金を払っているだろうから、大人の世界では強制ではないにしても、子どもにとってみれば、強制されたと思うことはあったかもしれない。でも、それは朝鮮の人だけでなく、東北地方の日本人たちでもあったことです。親に金を払って子どもを連れてきたり、親の借金のカタに子どもがとられた時代でした。だから、「人身売買ととられることもあったかもしれないがあの時代なりに、考えてやったことだ」というふうに、多少の謝罪をした上で、素直に言ったほうがよかったのではないでしょうか。あるいは、慰安婦問題では、非を認める代わりに、韓国のベトナム戦争中の性暴力や彼らの連れて行った慰安婦問題を告発して、「私たちも悪かったが、その後の時代の性暴力も許せない」と韓国を糾弾したほうが国際的な共感は得られやすいでしょうし、韓国もこれ以上、慰安婦問題を騒ぐと自分たちのイメージも悪くなると思ってやめるかもしれません。

ただし、吉田何某の著作では、済州島の朝鮮人女性をつかまえてトラックに載せ、引き連れたと書かれていることは明白な嘘だと言うべきです。朝日新聞の〝虚報〟〝フェイクニュース〟だと言い張ってもいい。大事なポイントは、強制的に軍隊が連れ去ったという事実はないことです。「その証拠があるなら、教えて欲しい」と、正面から問い質さなければいけません。

なお、日韓併合は、いまだに植民地化ということで歴史の教科書に載っています。しかし、植民地の定義から外れるというのが私の理解です。そもそも、戦前、英国が持っていた植民地のインドやビルマの人たちは英国本土にいても選挙権や被選挙権など認められていなかった。ところが、韓国の人たちは内地にいれば日本の選挙権や被選挙権を持っていた。ということは、例えば、いまの英国は、北アイルランド問題や、スコットランド独立騒動やら長年対立があるとはいえ、一応ひとつの国としてまとまっている。英国の正式名称は、「グレート・ブリテン及び北部アイルランド連合王国」ですが、戦前の日本と韓国もそういうレベルの体制だったと見ることも可能でしょう。いや、ある点では、いまのイギリスより程度がよかったといえるかもしれません。北アイルランドでなぜ、テロが起こってきたのか（注2）と言うと、北アイルランドではアイルランド人に英語を公用語扱いにさせられたり、宗教差別をしてきたからです。今の中国とて、ウイグルやチベットや南モンゴルでは〝現地語〟を使わせないようにしているといいます。その点、韓国の人は言語を強制されたわけでなく、自国にあった文字のハングルを習っていました。

日本は通常で考えられる限りの〝連邦国家〟をつくっていました。それを「植民地」と言われるのは、どうかと思います。「韓国は日本の植民地にされた」と言われたときに、「インドであれ、どこであれ、植民地の人が本国の選挙権を持っていますか」と聞くぐらいのことはしていいと思います。

注1　韓国との慰安婦問題　戦前から戦中にかけて、日本が戦地で朝鮮の女性に将兵の性の相手をさせたとして、韓国が法的責任と同国人慰安婦に対する謝罪を日本に求めている。日本は日韓基本条約締結時に解決済みとの立場を取る。二〇一五年に慰安婦問題を「最終かつ不可逆的に解決される」として日韓両国で合意が結ばれ、日本政府は元慰安婦を支援する財団に十億円を出したが、韓国では合意そのものを否定する声が大きい。

注2　北アイルランド問題　十九世紀にアイルランドがイギリスから独立した際、イギリスに残った北部六州（北アイルランド）でカトリック系住民とプロテスタント系住民が対立し、二十世紀に入っても暴動、テロがしばしば起こった。一九九八年のベルファスト合意で和平が成立した。

日本が持っていた国家宣伝力

戦後の日本がクレバーではなくなった一つの原因として、国家宣伝に金をかけなくなったことがあります。

戦前の日本は軍事力で英米に勝てない分だけ、アジア諸国の大衆に向かって宣伝することによって勝とうとしました。たとえば、満洲では甘粕正彦《あまかすまさひこ》の満洲映画（注1）は、現地の人たちを親日にするためにものすごく金を使って作られていました。これは極めてクレバーなことだったと思います。

また、残念ながら流れたとはいえ、東洋の弱小国であったのに、日本は一九四〇（昭和十五）年のオリンピック誘致（注2）に成功したのも、国家宣伝に優れていたからです。

海外の人々を親日的にするために金を使い、クレバーな宣伝活動をしていた国が、戦後はそういうことに金を惜しむようになりました。むしろ韓国が自国のイメージを高め、自国の都合のいい宣伝を垂れ流すためにものすごく金を使っています。たとえば、韓国の人たちは慰安婦問題をアメリカに知らせるために何十億、何百億円もの金額を投入した。莫大な金を使ってでも、日本が悪い国だということを宣伝したわけです。また、「日本海」を「東海」にさせようと躍起にもなっています。

これに対して、たとえば朝日新聞の誤報がわかったとき、読売新聞や産経新聞が国内で朝日新聞をボロクソに叩くだけでなく、政府は「これは誤報だった」「強制連行はまったくなかった。ねつ造でした」ということを『ニューヨーク・タイムズ』などの世界中のマスコミに対して、莫大な金を使ってでも宣伝すべきでした。政府がやったことは、せいぜい大使が反論を現地新聞に投書して載せるぐらいです。昔に比べればやってはいるのでしょうけれど、投書だけでは足りません。『ニューヨーク・タイムズ』に一面広告を載せても、大した金額ではないのです。韓国はそれをしつこいぐらいやっている。だから、慰安婦のようなマイナー問題をアメリカ人が知っているレベルにされてしまった。

「軍艦島」（注3）という嘘のプロパガンダ映画にしても、こちらはそれを否定するために金を使うべきです。それを手をこまねいて見ているのは、この国が油断しているような気がしてなりません。この件については、幸いにも「軍艦島の真実―朝鮮人徴用工の検証」なる動画が、産業遺産国民会議によって作成されました。当時の島民の反論（軍艦島は地獄の島ではなかった）が、日本語、韓国語、英語で構成されています。こういう動画の海外での上映や宣伝に金をかけるべきなのです。

注1　満洲映画協会　通称は「満映」。一九三七（昭和十二）年に満洲国の国策会社として、新京（現在の長春）で設立された映画会社。一九三九（昭和十四）年に甘粕正彦（陸軍憲兵時代に無政府主義者の大杉栄らを殺害したことで知られる）が理事長に就任し、一九四五（昭和二十）年の終戦までその地位にあった。

注2　一九四〇年のオリンピック誘致　一九三六（昭和十一）年に東京での夏季オリンピック開催が決まり、欧米以外の国では史上初のオリンピックとなるはずだったが、日中戦争の影響などで一九三八（昭和十三）年に日本は中止を決定した。代替地のヘルシンキも第二次世界大戦で中止となった。

注3「軍艦島」 長崎県長崎市の端島《はしま》（通称は軍艦島）を舞台に、第二次世界大戦中の朝鮮人労働者を描いた、二〇一七年の韓国映画。強制連行させられた四百人の朝鮮人が虐待され脱出を試みるという内容で、事実と異なる。

民主主義を逆手にとった対米外交のアイデア

クレバーな外交能力ということでは、アメリカに対して民主主義を逆手《さかて》に取る方法もあります。ポイントは「日本人に馴染みの薄い地域」です。

トランプが大統領に当選したとき、親米派の人やアメリカに詳しいと称する人たちが驚いたのは、みんな西海岸と東海岸のことしか知らなかったからでしょう。しかし、アメリカは西海岸と東海岸だけではありません。私のように中西部のカンザスに留学した人間からすると、トランプ当選の可能性は十分あると思っていました。田舎のアメリカ人にはトランプのやり方や言い分がうけるからです。それをアメリカ人としてなかなか口に出して言いづらいので、一般には聞こえてこないだけの話だと見ていました。

雇用を生んでくれる日本企業が進出してくると、中西部の町は即座に親日的になったりします。オハイオのホンダの工場があるあたりがそうでした。ラストベルトやスーパー・

チューズデー（注1）で予備選挙をやった十三州の人たちは、単純で素朴なのです。

そういう地域に日本の工場が進出し、彼らを親日的にしたら、親日的でない人が大統領になるハードルは高くなります。親日的な大統領を相手にすれば、日本はアメリカに対して強く出られるかもしれないし、少なくとも外交的な要求が通りやすくなるはずです。

今度、トヨタの工場がカリフォルニアからテキサスに移りますが、テキサスのような人口の多いところではなく、スーパー・チューズデーの十三州のどこかに移せば、その州が親日的になる可能性は大でしょう。経団連がやるべきことは、アメリカの東海岸や西海岸にある日本企業の工場を、全部スーパー・チューズデーの十三州に移すことだと、私は提案したい。そうなれば、それらの州の人間の過半が（これらの州は人口が少ないのです）親日的になります。残念なことに、そういう国を思っての戦略的な行動が日本のエスタブリッシュメントの人にはあまり見られません。

ＡＩＩＢ（注2）をつくることにしても、『孫子』の兵法のイメージが重なります。経済大国になった日本が主導して、戦略的に何かをしようとしたことは近年あまりなかったと思います。その点では、中国には嫌な部分だけでなく、経済力を外交力に結び付けようとする賢い部分がある。アフリカ諸国の大多数が親中的だという話もあります。一概に中国だからみんなダメというのではなくて、見習うべきところは見習うべきです。

注1　スーパー・チューズデー　アメリカ大統領選挙の予備選挙が、二月か三月の火曜日に多くの州で行われる。スーパー・チューズデーに予備選挙を実施する州は一定でなく、二〇一六年は十三州だった。

注2　AIIB（アジアインフラ投資銀行）　二〇一三年に中国の習近平総書記が提唱し、中国主導で設立された国際金融機関。アジアのインフラ整備にあてる資金ニーズに応えることを目的とする。イギリス、ドイツ、フランスなどの域外を含む五十七カ国が創設メンバーとなって二〇一五年十二月に発足、二〇一六年一月に開業式典を行なった。

日米安保条約の幻想が生んだ犠牲

かつての日本は結構外交能力が高かった。しかし、現在の日本は外交に戦略性がなく、場当たり的なことをやっていると私は思います。

民主党が政権をとったことがあるけれど、ほとんどの時期は自民党が政権を持ち続けてきたのだから、本来ならば戦略的な外交ができたはずです。少なくとも、吉田茂（注1）はそれを実践した人でした。

日米安保条約は片務的と言われますが、冷戦当時、基本的にはアメリカが日本を守らざるを得なかった部分もあると私は捉えています。ソ連という国は、人工衛星などの科学技術や軍事産業に力を入れたけれど、きちんとした民生品を最後までつくることができなかった。民生品製造の分野で実力のある日本を、もしソ連にとられたら、アメリカからすると大変な騒ぎです。そこを上手に使って、アメリカに日本を守らせた。当時の日本は外交官であれ、政治家であれ、結構ズル賢く、安保条約は建前であって、条約があろうがなかろうが、日本を守らざるを得ないように持って行ったと、私は思うのです。

前述したように、大事なのは「カード」です。「米軍にとって、日本はなくてはならない国」というカードは、現在も使えるはずです。たとえば、横須賀と佐世保のドッグは、米軍の軍艦を修理する技術が極めて高い。米軍があそこを失うわけにいかないでしょう。

これは台湾にも同じことが言えます。中国が強くなっていく中で、小国の台湾が大国の中国と対峙するとき、自分たちがいないとアメリカが困るように見せて、国交のないアメリカに自国を守らせています。それがクレバーな外交というものでしょう。

井沢元彦さんの『日本が「人民共和国」になる日』は、日本で安保闘争があったとき、特使のハガチー（注2）を殺されたアメリカが日米安保条約を破棄して出て行ったあと、ソ連と北朝鮮が日本に入ってきて、工業製品もつくれないような貧しい国になったと描かれている。しかし、日本人の勤勉さは、共産圏になってもたぶん変わらなかっただろうから、私はもう少し楽観的です。今のベトナム（ここも国民が勤勉な国です）よりは豊かな国でいることでしょう。また、日米安保条約がなくなるとソ連や北朝鮮が日本を共産主義国にできるとすれば、国交さえない台湾はとっくの昔に中国にとられていておかしくないはずです。あるいは軍事力が皆無と言っていいネパールやブータンだってそうでしょう。でも、上のほうが賢ければ、そうはならない。冷戦が終わった現在は、上が賢くなくてもそうはならないでしょう。一つの国を軍事的に占領したら、国際社会が許しません。だから、いまだに中国は台湾を占領できないでいるのです。国連ができて以来、連合国が決めた国境を変えることはできなくなった。アメリカが中東や南米で、あるいはソ連が周辺諸国にやったことは、傀儡《かいらい》政権を作ることだった。そう考えると、アメリカが守ってくれたのは、日本国そのものではなく、井沢さんが言うように、日本を日本人民共和国にしないこと、つまり、日本の資本主義体制だったということになります。逆に、一九七三年のチリのアジェンデ政権のように、日本の選挙で共産主義政党が勝てば、アメリカは日本人に銃口を向けた可能性が大きい。これでは独立していないという点では同じです。ただ、今はイラク戦争でアメリカが完勝しても、傀儡政権も作れない時代になっていることも確かです。

にもかかわらず「日米安保条約がないと、日本の独立が危うくなる」という幻想のせいで、日本人としての誇りが奪われている。その代表が沖縄だと私は思います。米軍の軍人や軍属が日本人をレイプしようが、クルマでひき殺そうが、場所が沖縄に限られているから、他の地域の日本人は無関心でいられる。これがもし、横須賀、立川、横田、あるいは福生で同じことがしょっちゅう起こったら、首都圏の人は相当頭にくるはずです。

アメリカの軍隊に関して、軍人のレベルの差が大きいという話を聞きました。上のほうはとてもインテリだが、下のほうは元囚人、地域の元荒くれ者のような人がいる。アメリカの軍部は、多少乱暴なことをしても反米感情が起こらなかったり、反乱が起こらない地域にレベルの低い軍人を配し、それをやるとまずい国にはインテリ軍人を配するらしいのです。

当初、中東は適当でもいいと思ったから、アブグレイブ収容所（注3）のようなことが起こったと思われます。あの映像を見たら、米軍の下級軍人は実際に程度が低かった。現在では、ああいうことをすると反米的になるから、中東は最近ちゃんとした人を入れるようになった。その代わり、程度の低い人が沖縄に回って来たらしい。それでレイプ殺人事件のようなことが起こる。ということは、日本が米軍に舐められているのです。

他国から舐められないようにしようという意識は、昔の日本のほうがあったような気がします。保守の人間としては、中国や韓国や北朝鮮に舐められることも腹が立つけれど、アメリカに舐められるのにも腹を立てないといけません。

注1 吉田茂（一八七八年～一九六七年） 第四十五代・四十八代～五十一代の内閣総理大臣。外交官から政界に転じ、サンフランシスコ講和条約を締結した。

注2 ハガチー事件 一九五九（昭和三十四）年から一九六〇（昭和三十五）年にかけて、日米安全保障条約改定に反対する闘争が全国的に広がった。六月にはアイゼンハワー大統領訪日の日程協議で来日したジェイムズ・ハガチーの乗った車が、羽田空港でデモ隊に囲まれて動けず、アメリカのヘリコプターで救出されるという事件が起こった。

注3 アブグレイブ収容所 イラクの首都バクダッドの西にある。フセイン政権時代は反政府勢力を収容し、拷問、処刑が行われたと言われる。ここが有名になったのは、イラク戦争で収容されたイラク人兵士を、アメリカ軍が拷問などの非人道的行為をしている写真が公表されたことによる。

第五章

国を守るために何をすべきか

日本が核武装する時代は始まっている

意外と思われるかもしれないけれど、私は核武装論者です。なぜ、核武装かというと、一つは核兵器が最もコストの安い防衛兵器だからです。

核兵器を持っている国に通常兵器で対抗するのには、莫大な金がかかる。しかし、「核兵器を持っていれば襲われない」という「核の抑止力」を国防の前提にすると、核兵器はかなり安上がりです。GDP底辺国家の北朝鮮でつくれるぐらい安いのです。

また、技術的に見ても新しいものではなく、七、八十年前につくったのと同じようなレベルでいい。いまの日本の核技術をもってすれば、それほどたいへんではない。

こんなことを言うと叩かれるかもしれないけれど、北朝鮮に核兵器とミサイルをつくらせるだけつくらせておいて、日本は核拡散防止条約（NPT）（注1）の第十条「各締結国は……異常な事態が自国の至高の利益を危うくしていると認める場合には……この条約から脱退する権利を有する」とあるのだから、これを利用してNPTから脱退して「自衛のためにわれわれも持ちます」と言ったほうが賢いと、私は思います。

北朝鮮に「核兵器をつくるな」と要求する以上、日本もつくるわけにいきません。しかし、「核兵器をつくってはいけない」というアメリカの口車に乗せられていたら、半永久的に日本はアメリカの「核のボロボロの穴だらけの傘」に頼らざるを得ず、これでは独立が成り立たない。なぜ、核武装を求める声が日本の保守の間で大きくならないのか、私は不思議でなりません。

アメリカは、北朝鮮に核兵器とＩＣＢＭを持たれたら困る国であり、もちろん日本にしてもそれは嬉しくはないけれど、実は口実に使えるのです。憲法九条を変えなければ、先制攻撃をしない日本が持つ核兵器は、あくまで防衛が目的となります。つまり、「北朝鮮が持っている以上、防衛のために必要なのだ」という論理を立てられる。私ならば、この「防衛のために核兵器を持つ」という言い訳を活用します。そのためには、建前であっても憲法九条は堅持しないといけません。自衛のためという大義名分があるから世界五位ともいわれる軍事力を保有することを世界に認めさせているのです。核保有にあたって、経済制裁を受けないためには九条の保持はおそらく必須でしょう（それでも多少受けるかもしれませんが、外交がしっかりしていれば、九条があったほうが、やりやすいのは確かです）。北朝鮮と違って、経済制裁で受ける返り血は大きすぎるからです。

ましてや昔と状況が違い、日本が核兵器を保有しやすくなっています。何が違うかというと、日本でほとんど原子力発電所が動かなくなっていることです。核兵器を持つためには、ＮＰＴから先ず脱退しないといけない。ＮＰＴから脱退すると、ウラン濃縮や使用済み燃料、再処理技術の放棄を求められます。つまり、電力供給を原発に依存する限り、NPT脱退は選択肢にない。だから、核兵器を持ちたくても持てない。

ところが、幸か不幸か、現在の日本は、3・11以降ほぼ原発に依存しないで済むようになっています。もし、日本が「北朝鮮が持ったから、私たちも防衛のために核兵器を持ちます」と宣言したら、「NPTを脱退してください。あなたのところの原子力技術を認めません」と言われます。でも、すでに膨大な量のプルトニウムを持っているので、核兵器の製造は可能だし、原発に使うための核燃料がストップされても「しょうがないから原発を止めるか」で済むのです。その分、次世代の太陽光・風力などの再生可能エネルギーの開発に全力を尽くせばいい。原発が北のミサイルの攻撃対象にもなりかねないから、原発がなくなればかえって安心です。

注1　核兵器不拡散条約（NPT）　核兵器の拡散を防止する目的で、一九七〇年に発効した国際条約。核兵器非保有国の製造禁止や原子力の平和利用における国際原子力機関の査察などが定められている。日本は一九七六年に批准し、二〇一六年時点で百九十カ国が加盟。インド、パキスタン、イスラエルは未加盟である。

アメリカに戦争で勝つ方法はある

戦前の日本は戦争も強かったかもしれないが、戦力で劣っても戦争に勝つ術《すべ》を持ったところがすごいと私は思います。日露戦争（注1）は一番いい例でしょう。

たしか日露戦争が開戦する年（一九〇四年）にシベリア鉄道が開通しています。日本海海戦でバルチック艦隊を撃破した時点（一九〇五年五月）で戦争をやめておかないと、シベリア鉄道を使い、大量にロシア陸軍が来てしまう可能性もあった。だから、勝ち進んでいるところで、やめることが必須条件でした。

「奉天会戦に勝ち、日本海海戦に勝って優勢なのになぜ止めるのか」「もっと賠償金を請求すべきだ。全カラフトをとるべきだ、政府は弱腰だ」と国内で言われたけれど、外相の小村寿太郎がポピュリズムに走らなかった。さらにロシア革命の火種になるような各地でのデモを制圧するために、ロシアも戦争を続けたくないことを読んでいたようです。これはクレバーだったと思います。当時、どちらかの国を完全に亡ぼすまでやる戦争はほとんどありません。「止めどき」を見極め、どんな反対があっても屈しなかったのは称賛に値します。

ところで、ベトナム戦争（注2）は戦力でアメリカが優位に立ち、戦闘では負けるどころか、ずっと勝っていた。しかし、米軍は撤退し、アメリカは勝てなかった。どうしてアメリカは勝てなかったのか。国内に厭戦《えんせん》気運が起こったからです。「これ以上、戦死者を出せない」「これ以上の出費はできない」ということで、議会が予算を通さなくなって、ジョンソン政権は戦争が継続できなくなって止めたわけです。

この事例を踏まえると、アメリカに戦争で勝つことは、意外に簡単だと私は考えています。つまり、「アメリカ人が何人ぐらい死ねば、国内に厭戦気分が起こるか」「何兆ドルぐらい使えば、これ以上の出費はしたくないという声が議会で強くなるか」というラインがある。そこのラインになるまでがんばって戦い続ければ、アメリカと戦争になっても勝てると考える人は、結構いると思います。

イラクのサダム・フセイン（注3）にしても、アメリカが戦争を止めるラインに達するまで逃げ回っていればよかったのに、それができなかった。アメリカとの戦争は「いかにして長引かせ、アメリカ側の犠牲者を多く出すか」という戦略が成功するか否かにかかっていると言っていいでしょう。

歴史を振り返ったとき、国力と戦力に劣った側が必ず負けるとは決まっていないことがわかります。たとえば、豊臣家は徳川家との力関係で負けるべくして負けたように思われているけれど、豊臣秀頼が西国に逃げていれば、徳川家康が死んだあとに、諸大名から担《かつ》がれた可能性はあると思います。少なくとも、関ケ原の戦いは秀頼対家康の戦いではなく、東軍も西軍も「秀頼を守る」ことを旗印に掲げた戦いでした。建前上、秀頼はすごく強いカードだったのです。しかも、家康が成人した秀頼に会ったとき、あまりに威風堂々としているので、「俺が目の黒いうちに殺しておかないと、息子が相手では勝てない」と思ったという逸話が残っていて、秀頼は非凡な人だったことがうかがえます。だから、大坂城を出て生きながらえたら、最終的にどういう結果になったかわからない。しかし、秀頼は「自分が逃げ回るわけにいかない」と決め、大阪城で滅ぼされたという話を読んだことがあります。

それと同じで、「アメリカという国は、ある一定以上、人が死んだり、金を使ったら戦争を続けられない国だ」と考えると、北朝鮮のような弱い国があれほどに威風堂々としていられるのは、そういうところを読んでいるのかもしれないという気がしないでもありません。

それと比べたら、日本はアメリカに対してビビりすぎています。

注1　日露戦争　一九〇四（明治三十七）年から一九〇五（明治三十八）年にかけて、日本とロシアが戦った戦争である。一九〇五年九月のポーツマス条約で講和が成立した。

注2 ベトナム戦争 フランスの植民地支配が終わった後、ベトナムで南と北に分裂して戦った戦争。北ベトナムは共産主義陣営、南ベトナムは自由主義陣営に属し、東西冷戦のなかで「熱い戦争」となったが、一九七三年に南ベトナムを支援するアメリカ軍が撤退し、一九七五年にサイゴンが陥落。一九七六年に北ベトナムによって統一された。

注3 サダム・フセイン（一九三七〜二〇〇六年） イラクの政治家。一九七九年に大統領となり、一九八〇年にはイラン・イラク戦争、一九九〇年にはクウェートに侵攻し、一九七五年にサイゴンが陥落。湾岸戦争を引き起こす。二〇〇三年のイラク戦争でアメリカ軍に捕らえられ、二〇〇六年、死刑となった。

日米間に「無謀な戦争」というほどの戦力差はなかった

「日米戦争は無謀だった」というのが戦後の常識になっています。しかし、人が考えるほど無謀ではなかったという説があります。

ロンドン海軍軍縮会議（注1）で、保有する軍艦の比率をイギリスとアメリカ十で、日本が七弱にする条約が結ばれました。それが不平等だとか、十対十対十にできなかったのは外交の負けだとか、国内で言われたけれど、アメリカ、イギリスの十に対して、日本は七を勝ち得たのは結構大きい。

なぜ、大きいと言えるのか。アメリカ海軍は大西洋と太平洋に艦隊を置かなければならず、太平洋方面をみると、七対五で日本のほうが勝っていたからです。真珠湾の奇襲などしなくても、こちらのほうが海軍力は上だった。そのうえに日本は日独伊三国同盟を結んだ。フランスを簡単に落としたドイツはそれだけ強い国だったわけで、そのドイツの潜水艦Uボートが大西洋からアメリカを攻めたらどうなるか。アメリカは太平洋より大西洋のほうが大事だから、海軍はそちらを守らないといけなかった。ところが、ドイツは西進をストップし、一九四一年にソ連に東進して行ったので、アメリカ海軍の戦力が大西洋からパナマ運河を通って太平洋に来て、日米海軍の戦力差がちぢまった。ミッドウェイの敗北もあって、そのあたりから日米海軍力が逆転していったという話を聞いたことがあります。そうだとすれば、ドイツがソ連を攻めたという計算違いが大きかっただけの話で、決して無謀な戦争というほどの戦力差はなかったことになります。

イアン・トールという太平洋戦争の研究者は、オープンになった資料を見て、アメリカのほうの内実を書いていますが、それを読むと、アメリカは従来いわれているよりも大変な状態でした。たとえば、彼の『太平洋の試練（真珠湾からミッドウェイまで）』『太平洋の試練（ガダルカナルからサイパン陥落まで）』には、ガダルカナルあたりで日本が消耗戦をやってしまい、戦力が逆転したけれど、ミッドウェイで日本が負けた後でもアメリカは戦艦や空母などのやり繰りが結構厳しく、大西洋に回してくれなければ困るという欧州戦線重視派もいたため、日米の戦闘はギリギリのところだったとあります。

歴史は勝った側がつくるから「アメリカとの戦争はあり得ない無謀な戦争」と思われているけれど、実は逆かもしれない。少なくとも、客観的に見たときには「戦争の勝敗はわからなかった」と言えるでしょう。

それどころか、日本がアメリカの力を知らないで無謀な戦争をやったというより、アメリカを見たことのある人たちが、「あの国はものすごい国だ」とビビっていた可能性も考えられます。つまり、アメリカの国力を知らないで挑んだ無謀な戦いでなく、戦力的には日本のほうが勝っているのに、アメリカの国力を過大評価していたという見方もあり得るのです。

実際、ある時期まで日本は結構クレバーな戦略をやっていました。しかし、ドイツが対ソ戦で戦力が大幅に弱体化したのが影響もしたでしょうが、サイパンが陥落してからは日本はいささか戦術を誤ったのではないか。

たとえば、沖縄戦にしても、北部の山に隠れ、アメリカ軍が入って来たらベトコンのようにゲリラ的に襲っていたら、「山岳ゲリラ化した日本軍は怖い。これは長期戦になる」とアメリカが考えて、これ以上の犠牲者を出すのは困ると考えて、もう少しいい条件で止められたかもしれません（こういう可能性があるということで、本土決戦を断念させるために原爆が使われたと見る向きもあるかもしれませんが、原爆をいくら落とされても山岳ゲリラ活動が続けられるのも事実です）。

特攻にしても、最初は護衛機をつけて、それなりに優秀なパイロットがやっていたと聞きます。途中で打ち落とされることなく、相手の軍艦まで飛んでいき、飛行機をぶつけなければ意味がないからです。しかし、戦争末期になってくると、そうではなくなった。操縦経験もろくにない急造のパイロットに操縦させ、護衛機もつけない。これでは戦果が挙がるわけがありません。

自決であれ、特攻であれ、死ぬことが目的化した観があります。負け戦《いくさ》ばかりが続くパニックで自暴自棄になったのかもしれませんが、勝つことよりも「死の美学」に酔って、宗教がかっていたような気がします。

それに比べて、開戦初期、シンガポールを落としたときの日本は、「勝つこと」を目的として戦争をしていました。陸軍中野学校（注2）出身のスパイをうまく使って、東南アジアの国々で日本が解放者と思わせるような情報操作をやったし、大量に偽札を刷って流通させ、経済を混乱させたりしてから攻めて行きました。大量の偽札が出回ると、インフレが起こり、現地で反政府感情が高まるのだそうです。汚いことをしていたけれど、賢いこともあった。ものすごく準備が周到でした。だから、シンガポール、マレーシア、ビルマまで、あっという間に落とせたという説があります。謀略と策略を駆使するインテリジェンスに長《た》けていたわけです。たぶん、それは事実であって正しいと思います。

注1　ロンドン海軍軍縮会議　一九三〇（昭和五）年に列強諸国の海軍補助艦保有を制限する目的で開かれた会議。日本は対英米七割を求め、六・九七五割で決着したが、海軍内部で「条約派」と「艦隊派」の対立が生じ、立憲政友会の犬養毅や鳩山一郎たちが「軍令事項の兵力量を天皇の承諾なしに決めたのは憲法違反」として政府を批判した（統帥権干犯問題）。

注2　陸軍中野学校　一九三八（昭和十三）年につくられた防諜研究所が前身で、一九四〇（昭和十五）年に、諜報、防諜、宣伝等に関する教育と訓練のための陸軍学校となった。一九四一（昭和十六）年のマレー作戦では藤原岩市少佐（中野学校教官）の率いるF機関がイギリス軍のインド人兵士に投降作戦を行い、ビルマでは南機関がビルマ人で編成した独立義勇軍と日本軍との共同作戦を成功させるなど活躍した。

中野学校出身者はどこに消えたのか

第二次世界大戦後に、生き残ったドイツの科学者をソ連とアメリカが奪い合いました。ロンドンに向けて発射されたV1ミサイルやV2ロケットなどの科学技術を戦後の軍事兵器開発に活かすためです。又、ドイツの対ソ諜報活動を担っていたラインハルト・ゲーレンをアメリカは重用しました。彼の対ソスパイ活動のノウハウを利用するためでした。そういう話は日本に関してほとんど聞きませんが、七三一部隊（注1）と陸軍中野学校のノウハウはアメリカが持って行こうとしました。

確か佐藤優さんが仰っていたことですが、中野学校出身者は当時、世界水準でみても極めて優秀なスパイだったそうです。何が優秀だったかというと、情報操作においてです。

戦前はスパイの一番の仕事は「情報収集」とされていましたが、中野学校出身者は「情報操作」という分野でも活躍しました。先述したように、敵国の体制を弱体化させるものでした。

戦後はスパイの大きな仕事としてそういった情報操作が注目され、アメリカも「なかなか賢いやり方だ」と考えて、いろいろな国を親米的にするのに中野学校の技術を見習ったそうです。アメリカの金でアジアなどから秀才を留学させて、親米的な人間をつくるフルブライトの奨学金事業がその一つらしいのですが、ある時期からアメリカは親米世論をつくることに力を入れています。ちなみに、日本が台北帝国大学と京城帝国大学をつくったのも、そういう意図があったからです。

先ほど偽札の話をしましたが、北朝鮮は偽札技術を中野学校出身者から引き継いだらしいし、北朝鮮を「地上の楽園」と言って宣伝したのも、中野学校流の情報操作術を利用したらしいのです。戦争が終わった後、中野学校出身の将校が北朝鮮にも結構いたはずです。国内では中野学校にいた人たちが、戦後、総合商社などに入ったそうです。総合商社の人たちは、たとえばアフリカに行って「日本がいかにいい国か」を上手に広め、日本のトラックや発電所を売ったりしたと聞きます。その点で日本の商社マンは情報操作に長けていて、いろいろな国を親日的にしています。中野学校の伝統がうまく引き継がれたから、すごい力を発揮したのでしょう。

総合商社が代表的と思うのですが、戦後の日本で戦略的思考ができるのは「民」のほうであり、「官」は全然ダメです。非常に宣伝上手だった日本が、戦後、宣伝下手な国になった背景には、「中野学校」と聞くと汚い謀略、宣伝工作をやった所だというイメージができてしまい、戦後は、「そういうことを平和国家がしてはいけない」と考えられるようになったからでしょう。そのために、自衛隊は創設されたけれど、国家レベルでの情報機関をいまだに持っていない。特定秘密保護法はできたけれども、スパイ防止法というわけでもない。日本人は情報操作をされやすく、普通なら情報操作を疑うべきところを疑わないことがあると聞きます。

ＫＣＩＡ（大韓民国中央情報部）（注2）であれ、北朝鮮が地上の楽園だと宣伝を流したグループであれ、中野学校の残党が関わっていたと私は考えています。敗戦によって、北方領土や竹島など領土だけでなく、よその国を騙す技術も韓国や北朝鮮に盗《と》られたわけです。そして、日本人のほうが騙される側に回ってしまったので、北朝鮮を地上の楽園と信じたり、韓国の慰安婦問題などに過度な同情をする人が少なくない気がします。

注1　七三一部隊　正式には関東軍防疫給水部本部。満洲で兵士の感染症予防と衛生的な給水体制の研究を任務としたが、生物兵器を研究・開発するために人体実験や生物兵器の使用を行ったとされる。

注2　ＫＣＩＡ（大韓民国中央情報部）　一九六一年に設立された韓国の情報機関。一九八一年に国家安全企画部と改組されたが、一九九九年に廃止となり、国家情報院が新設された。

情報機関をつくり、日本の宣伝に力を入れるべきだ

日本の軍事予算はアメリカの十分の一ぐらいです。中国と比べても、三分の一ぐらいです。普通に考えたら、核兵器もないのだから軍事力で勝てるわけがありません。GDPが自国より大きい国とタメを張ろうとすれば、経済がボロボロになり、旧ソ連と同じ道をたどるのは火を見るより明らかです。

日本は、防衛費が五兆円なら五兆円の予算で、核武装も含めて、「どうやったらこの国を強くできるか」に、頭を使う必要があります。私は「軍事予算の五兆円のうちから一千億円、二千億円ぐらいを核兵器や情報機関に使ったほうがよほどコストエフェクティブだ(情報機関にもお金が必要でしょうが、これもコストエフェクティブです)」と考えています。

もちろん、「弱い国と思われるのは危ないから、武器だけはいろいろと持っておいたほうがいい」という考え方を否定するつもりはありません。大阪の小学校を襲って死刑になった男がいましたが、頭のおかしい人もおかしい人なりに「どこへ行ったら自分の目的が達せられるか」を考えていて、屈強な男子高校生ばかりがいるところには行かずに小学校を狙う。その意味では、日本が軍事的に弱い国と見られないようにすることは重要です。

いまの自衛隊の通常兵力だけでも、十分、北朝鮮に対抗できる能力はある。それはもう少

し誇示していいと思います。

ただ、それ以上に「よその国で親日的な世論をつくるのに金をばら撒いたほうが、日本が攻められにくくなる」と私は考えます。たとえば「日本の文化遺産はこんなにすばらしい」ということを世界中に示すことができたら、観光客を呼ぶことができるだけでなく、「この国が空爆されたら、素晴らしい歴史遺産が消えてしまう」と相手に思わせることができるかもしれません。そういう国際世論は、日本が侵略されないための抑止力となるでしょう。諸説ありますが、京都が空襲を免れたのは、京都の文化遺産は壊してはならない、そう考えた軍人がアメリカにいたからとも言われています。

国の総合力は「軍事力」「経済力」「文化力」で成り立っています。「文化力」とは宣伝などを含めての力ですが、そこの部分に対する配慮が戦後の日本はあまりに欠けています。

小さいときからフランスに留学していた日本人の女性の話を、ある人から聞きました。フランスでは中国人が嫌われていて、彼女もはじめ中国人と思われたらしく、周囲の対応があまりよくなかった。「私は日本人よ」と言ったら親切にしてくれたそうですが、彼女の分析では、アニメなどに関心を持つ同世代の人たちが、日本に親しみを感じていたからだろうとのことでした。

ことはアニメに限りません。いまでこそSFXはアメリカしかつくれないようになっているけれど、「ゴジラ」（注1）をつくった当時、日本の特撮技術に海外が驚いたらしい。確かに、「キングコング」（注2）と「ゴジラ」を見比べると、それほど負けていません。アニメ、怪獣映画、ホラー等々、日本の得意分野はいろいろとあります。和食や着物といった伝統的な文化も含めて、日本は文化をもっと知らせる努力をすべきだし、そういう使うべきものに金を使うということが必要です。

ハリウッドに中国の資本が入って来て、中国を悪者にするような映画はつくれなくなっているそうですが、映画への投資は単に経済的な目的だけではなく、そうした中国の謀略も含まれていると思います。そういう中国をずるいと批判するのではなく、資本主義の世の中では（その前からそうかもしれませんが）「それが当たり前だ」と捉えるべきです。そして、「彼らは賢い。われわれもやろう」と考えて、「謀略」を「宣伝力」と言い換えて実行すればいいのです。

日本のソニーはソニー・ピクチャーズ（注3）を持っています。コロンビア映画（注4）もその一部になり、今やこのグループが全米トップのシェアを争っています。日本はもっとソニー・ピクチャーズやコロンビアに親日的な映画をつくらせたらいい。そうでなければ、ただ単に日本資本になったというだけであり、日本の国益に貢献していない、というのが私の考えです。

金があるときに何をするかで、日本は間違ったと思います。バブルのときにロックフェラー・センターを買収（注5）し、アメリカ人の反感を買いました。あのとき、アメリカの映画会社やマスメディアをもっと買って、親日的な方向に誘導していれば、風向きは違っていたかもしれません。

加計問題で私が許せないと思ったのは、今治市などが九十六億円も補助金を出そうとしたことです。この百億円近い金額がどれほどの金額かというと、文化庁は映画に三億七千万円しか補助金を出していません。映画の製作振興費はだいたい一本に五百万円で、あとは一千万円のものが何本かあって、二千万円のものが何本かある。合計で年間三億七千万円です。これでは海外に日本の宣伝ができるはずがありません。その三十倍以上の金が、なぜ首相の友だちの学校に行くのだという反感があります。

一方、韓国の映画振興委員会（ＫＯＦＩＣ）が毎年映画のために支出する資金は四百億円、フランスの国立映画センターのそれは八百億円です。そのくらい使って、よそに自分たちの文化を広めていこうとしてする。日本も自分たちの文化を広めることに、もっと金を使うべきです。その意味で「クールジャパン」（注6）はいいことだと、私は評価します。ただし、それでも音楽やアニメも含めての総額が年間百五十億円だそうですが。

注1 ゴジラ　一九五四（昭和二十九）年に東宝が公開した怪獣映画。以後、怪獣ゴジラの映画が多数、制作され、国外でも人気が高い。

注2 キングコング　一九三三年につくられたアメリカの怪獣映画で、大ヒットした。リメイク映画もつくられ、ゴリラを想像させる巨大な猿キングコングはアメリカを代表する怪獣キャラクターとなった。

注3 ソニー・ピクチャーズ・エンタテインメント　一九八九（平成元）年にソニーが買収し、子会社としたアメリカの映像メディア会社。

注4 コロンビア映画　アメリカンの映画会社。ソニー・ピクチャーズ・エンタテインメントの傘下にある。ソニーが買収した一九八九（平成元）年は日米経済摩擦の時期と重なり、アメリカでは激しいジャパンバッシングが起きた。

注5 ロックフェラー・センター　ニューヨークのミッドタウンにある高層ビル群。ジョン・D・ロックフェラーが一九三〇年代に建設し、ニューヨークの名所の一つとなった。一九八九年（平成元）に三菱地所が買収すると、アメリカ人の反感を招いた。

注6 「クールジャパン」　日本文化を高く評価する用語だが、二〇一〇（平成二十二）年に経済産業省が「クール・ジャパン室」をつくり、二〇一二（平成二十四）年には「クールジャパン戦略担当」大臣が置かれるなど、文化ならびに産業の振興策としても使われる。総務省のウエッブ

サイトによると、クールジャパン戦略の狙いは「外国人がクールととらえる日本の魅力（アニメ、マンガ、ゲーム等のコンテンツ、ファッション、食、伝統文化、デザイン、ロボットや環境技術など）」の情報を発信し、「海外への商品・サービス展開」や「インバウンドの国内消費の各段階をより効果的に展開し、世界の成長を取り込むことで、日本の経済成長につなげる」ための「ブランド戦略」となっている。

産業スパイとして訴えられた日本の医学者

産業スパイ一つとってみても、日本は甘いところがあります。かつて『正論』の二〇〇四年六月号に『知的所有権をめぐるアメリカ隷従体制に異議あり「遺伝子スパイ事件」は何を物語っているのか』という論文で、東大医学部の同級生のことを書いたのですが、開成高校を一番で出て、東大の医学部も一番で出た彼は、アルツハイマー病の研究者になり、東大の第三内科からオハイオ州立大学の助教授になった。帰国して理研（国立研究開発法人理化学研究所）のチームリーダーになった早々、オハイオ州立大学の先生が「資料を持ち出した」と言って、彼を産業スパイで訴えました。つまり、アメリカの金で研究したものを少しでも持ち出そうとしたら、アメリカという国はスパイで訴えるのです。

まったく同じ時期に、日本の中村修二(注1)という人は――私から言わせたら売国奴なのですが――、日本の日亜化学の金でやった研究を持って行って、アメリカの大学教授になりました。彼がノーベル賞を獲ったのは、彼のようにアメリカへ技術を持ち出すとノーベル賞が獲れるということを示すための陰謀だと、私は思っています。

ちなみに、青色ダイオードがなぜ必要かというと、光は赤と緑と青が合わさって初めて白になるのですが、それまでは赤と緑しかなかった。だから、三つの光を灯《とも》して白をつくるために、青が求められたわけです。日亜化学の技術者たちは、中村修二氏が自分一人の手柄のようなことを言ったので頭にきて、彼の特許を一切使わず省電力型の青色ダイオードを開発したのみならず(今は中村氏の特許を使った青色ダイオードは日亜化学は作っていないそうです)、それに特殊な塗料を塗ることで、白色ダイオードを開発しました。

中村修二氏がノーベル賞を獲ったとき、日本人は万歳を称えたけれど、ハッキリ言って、この国の人たちは自国の知的資源を守ろうという発想がなさすぎます。外国で中村修二氏と同じことをやったら、確実にスパイで捕まるはずです。

国防と言ったら、日本ではみんなが軍事力と思いすぎています。真の国防とは、外交能力、宣伝力によるインテリジェンスを行うことによって達成されるという発想がありません。また自国の技術が海外に流出しないように守ることも国防です。日本人の技術者が金の力で中国や韓国に引き抜かれることにも日本人は無防備です。「ハードな力があればいい」「武器があればいい」と考えるのではなく、実はソフトパワーのほうが国防には大事で重要だと、私は考えています。

注1　中村修二（一九五四年〜）　日本の技術者、電子工学者。日亜化学工業の社員だったときに、実用レベルの青色発光ダイオードを開発し、二〇一四年度のノーベル物理学賞を受賞する。二〇〇〇年にカリフォルニア大学サンタバーバラ校教授に就任した。

第六章

古くて優れた文化を有する国は強い

「日本の古いものはすごい」という意識を海外の人は持っている

現在の日本人が持たなければいけないものは、前章までで述べた「戦略的思考力」やインテリジェンスの他に「日本人としての誇り」があると思います。その源泉になるものの一つが文化です。

ところが、明治以降、この文化に対する視点が欠落し、日本人自身が自国文化に誇りを持たなくなってしまった。浮世絵をエロ画のように捉えてバカにし、海外にごそっと買って行かれる一方で、鹿鳴館をつくって欧米化しようとした。文化があって古い国なのに、あえて「欧米的になったほうがいい」と考えて、明治以降はその路線でやってきました。欧米の文化がずっと日本の憧れだったわけです。

地震が多いことも関係するとしても、日本にあまり古い建物が残っていないのは欧米に憧れてきたことのあらわれと言っていいかもしれません。ヨーロッパでは、新築マンションでなくて、築二百年ぐらいの建物をリフォームするのが好まれるようです。イギリスの高層アパートで火事（注1）がありましたが、「あれは新しすぎるからダメなのだ」というような声も耳にしました。一九七四年建築とのことですが、築四十年ちょっとで新しすぎるのだから、日本と発想がまったく逆です。

昭和ぐらいになって、日本風国民服をつくりますが、中国が人民服をつくったのと同様に中途半端な気はします。それでも、欧米の真似ではない格好にしようとしたところは評価していいと思います。

しかしながら、「なぜ、こんなに着物を着ないのか」というぐらい、いまだに日本人、とりわけ男性は着物を着ません。たとえば、安倍首相が着物を着ているのを見たことがない。中国のように人民共和国になって旧来の王朝を否定する国だったら、それでいいかもしれないけれど、日本はそうでないのに、着物を着ない。そのくせして、歴史が大してない「日の丸」と「君が代」に、洋服を着た保守の人間がやたらとこだわるのは不思議です。

海外に行くと、高級な日本料理屋は店員がみんな着物を着ています。それが喜ばれるし、着物を着たいという外国人は増えている。チマ・チョゴリを含めて世界中の民族服でこれほど外国の人が着たがる例を私は他に知りません。「日本の古いものはすごい」という意識を海外の人は持っているのに、肝心の日本人があまり持っていないのではないかと心配になります。

注1　イギリスのグレンフェル・タワー火災　二〇一七年六月にロンドン西部にある低所得者向け高層住宅グレンフェル・タワーが火事になり、七十名以上の死者を出した。

日本人は自分たちのよさに気がついていない

日本人で、自分たちのよさに気がついてない人は多いと思います。

明治以降、日本の文化より欧米の文化に憧れ、特に戦争に負けてからは経済優先になって、いっそう日本文化を否定し続けてきました。それは文化という日本人の心の根幹が守られていない感じがします。

中国のように過去の歴史を否定する国や、韓国のようにほとんど過去の歴史が残っていない国は、「近代化だけしていればいい」と考えてもかまわないでしょうが、われわれはそれらの国々と違います。欧米の人たちから見ても、日本文化は洗練度がとても高い。「日本は古くて文化のある国」ということを、自ら否定するのは愚かな態度です。

「この国は文化国家である」と思われて損はありません。文化程度が高い国は誇らしいし、低い国は劣等国家っぽい感じがします。少なくとも文化がないと経済力をもっても新興国の扱いを受けます。今日では、外国の人から見て尊敬に値する国は、軍事力が強い国ではないのです。金を持っている国には多少なびくけれど、文化程度の高い国と、知的レベルの高い国民のほうに、より多くの敬意を払うと私は思います。

欧米人が日本人に対して、ある程度の敬意を払うのは日本が文化が古い国だからです。和食文化が海外で人気ですが、日本の文化は意外に好かれていて、外国人が観光に来たくなる大きな理由の一つは日本の文化なのです。「外国の人がなぜ日本に来るのか」「外国の人は日本の何が好きなのか」をもっと考えていいでしょう。

最近、外国人観光客が増えて、日本のこんなところが好きだとか、日本人が意外に思うようないい点などを紹介するテレビの番組をよく目にします。「自国礼賛に陥っている」と一部の人が批判するけれど、本当に問題なのは、それを娯楽としてしか見ていなくて、われわれの国のアイデンティティにつなげられないことです。

日本はアメリカよりもはるかに小さくて狭い国なのに、ものすごく多様性がある。地域によって文化が違うし、言葉も違うし、食べ物も違う。その意味では、「日本のどういう点がいいのか」ということの再認識が必要だと思います。

なお、「文化がある古い国」という点では中国もそうです。しかし、中国人は嫌われ、日本人は好かれる。これはモラルや道徳のなさもさることながら、中国人が傍若無人だからでしょう。昨今の「おもてなし」「日本スゴイ」ブームは、決して〝インテリジェンス〟によるものではなく自然発生的なところがありますが、これを永続化していく努力はちゃんとやるべきで、それを偏狭なナショナリズムだとか卑下する必要はありません。

日本語による高等教育は誇るべきことだ

日本語を使うことは素晴らしいことです。ものすごい英語かぶれがいて、ひどい人は英語を準公用語にしろなどと言っています。社内での会話は全て英語にせよという会社もあるそうです。それは自ら植民地状態に陥ることだと私は思います。

亡くなられた渡部昇一先生と対談したとき、感動して記憶に残っている話があります。渡部先生がインド人の学者と話していて、「あなたの国で、大学は何語で教えているのか」と聞かれた。渡部先生が「日本語です」と答えたら、「日本語をしゃべるのはわかる。大学の講義を何語でやっているのか」と聞き返された。再度、「日本語です」と渡部先生が答えたら驚かれたそうです。

一般的に旧植民地だったほとんどの国は、高等教育は旧宗主国の言葉で行われます。インドの高等教育は当然英語でやっている。だから、渡部先生の答えに驚いたわけです。高等教育を自国語でできるというのは、誇りに思っていいことなのです。

中国は周辺の少数民族も全部中国語にしてしまう国ですが、自国語を大切にするということではフィンランドを挙げておきましょう。

前にも触れたように、かつてフィンランドに行って、「学力世界一の秘密」というテーマで八ページぐらいのレポートを『文藝春秋』に書いたことがありますが、フィンランドは図書館が世界一充実していて、どんなショッピングセンターに行っても図書館があった。本の貸出率も世界一で、フィンランド人はけっこう本を読みます。といっても、私が驚いたのは図書館ではなく、日本の漫画も含め、図書館にある本が全部フィンランド語に訳されていたことです。つまり、人口がたった五百五十万人の国なのに、自国語に翻訳して本を読んでいるのです。フィンランドはロシアとスウェーデンに征服された歴史もあるから、ことさらフィンランド語を大事にしようという意識が高いようです。

ただし、フィンランド人は、スウェーデン語と英語が普通にできます。だから、英語の本でもいいといえばいい。普通の国だったらコストも手間もかかる翻訳はしないでしょう。それでもフィンランドはフィンランド語に訳して出版する。これは学ぶべきことだと思いました。

日本もこの点ではフィンランドと同じです。専門書からマンガまで、日本語に翻訳して読んでいる。しかも、歴史を振り返ると、英語訳よりも日本語訳のほうが早いものもありました。たとえば、フロイト（注1）の『精神分析入門』がそうです。当時、古沢平作という人がウィーンに留学していて、英語訳が出るよりも前に日本語訳を出した。フロイトの著作が英語圏に広まったのは、ナチスに迫害されてフロイトを含めて多くの精神分析学者がロンドンやニューヨークにに移住してからのことです。
日本人は新しいもの、珍しいものが好きなのかどうかはさておき、学術的な分野では、極めて進取の精神があったのは確かです。そこには「なんでも英語がいい」と言う人と根本的に異なる発想があります。

注1　ジークムント・フロイト（一八五六〜一九三九年）　オーストリアの精神医学者で、精神分析学の創始者と呼ばれる。一九三八年にナチス・ドイツがオーストリアに侵攻すると、ユダヤ人だったフロイトはロンドンに亡命した。

国連の公用語に日本語を加えよう

話が逸《そ》れて申し訳ないけれど、国連の事務経費の一割（最近、中国に抜かれましたがずっとアメリカに次いで二位でした）を日本が払っていることを挙げて、「こんなに金を出しているから常任理事国に入ろう」という話がしょっちゅう出てきます。でも、常任理事国になれば、いろいろな義務が生じる。紛争地に軍隊を出さないといけないし、「常任理事国になったのだからもっと払え」という話になるに決まっている。私は常任理事国入りを求めるよりも、「日本語を国連の公用語にしろ」と要求すべきだと考えています。
たとえば、習近平が中国語で演説すれば、英語、フランス語、ロシア語、スペイン語、アラビア語に同時に通訳されるのに、日本語では通訳されないのでダイレクトには聞けません。日本の総理大臣が日本語で演説するときは、通訳つきでしゃべらないといけない（あるいは、英語で演説することもあるようですが。一般に元植民地だった国の首相や大統領は、英語やフランス語で演説します）。通訳が翻訳した英語が、残りの公用語である五カ国語に翻訳されているのです。

中国語は国連公用語ですが、日本語もドイツ語も国連の公用語ではありません。その理由は一つ。日本とドイツが旧敵国だからです。「国際連合」は「ユナイテッド・ネーションズ」の日本語訳ですが、もともと「連合国」という意味であり、第二次世界大戦で連合国に負けた日本とドイツが、戦後、その中に入ったという発想なのです。ドイツのメルケル首相は国連では、ドイツ語で演説し、英語ではしゃべらないそうです。これはドイツ語に誇りを持っているからかもしれません。また、アラビア語は経済力を背景に国連公用語の座を勝ち得たという話になっています。

ちなみに、連合国でない国から最初にユナイテッド・ネーションズ入りした国はイタリアです。イタリアは日独敗戦の前に、ムッソリーニ（注1）を倒した政権が連合国に加わったのでそうできたのです。

注1 ムッソリーニ（一八八三〜一九四五年）　イタリアの政治家。国家ファシスト党の党首となり、政権を掌握。第二次世界大戦中の一九四五年、パルチザンに捕らえられて処刑された。

英語公用語論ほどバカげた話はない

いずれにしても、日本人はもっと自国の言葉に誇りを持っていいと思います。

日本語は世界で最初の長編小説（『源氏物語』）が書かれた言葉です。外国人が日本語を一所懸命勉強するぐらいの国にならないといけません。すでにエドワード・サイデンステッカー（注1）やドナルド・キーン（注2）など日本語を勉強した知識人がいますし、アニメを通じて日本語を覚えようとする子どもが海外で増えています。「我が国は外国の人たちが日本語を学びたいと思わせる努力をしろ」と、保守論陣がいうべきです。

数学者の藤原正彦さんは小学校で算数と国語をみっちり教えればいい、英語の早期教育には反対だと言っていますが、小学校から英語を教えるなど、本当にナンセンスで許せない話です。ところが、英語を準公用語にしろとか、公用語にするべきだと主張する人たちがいます。ミスター円と呼ばれた元財務官の榊原英資さんのように英語が相当できる人（ミシガン大学で博士号をとっています）でも、英語で考えると三分の一ぐらいのパワーしか出せないと仰っていました（それでも海外の通貨担当者を英語で言い負かしたという話ですが）。人間の思考言語は母国語なのです。だから、日本の会社で普段日本語を使っている人間に英語で会議をやらせるなど、バカではないかと思います。

「英語を公用語にしろ」「オーラルコミュニケーション重視」という主張を、一概に否定するわけではありません。英語を話せるようになることが国際化につながるのは確かでしょう。あの英語嫌いとされるフランスでも、最近はタクシーの運転手でも当たり前に英語が通じます。英語ができるのに越したことはない。大は小を兼ねるから、日本人が英語ができるようになるのが悪いとは言いませんが、だからといって、「何でもかんでも英語」というのは受け入れがたい。

先ほども話したように、フィンランド人は英語もスウェーデン語もできる。だけど、大学の講義はフィンランド語でやっています。日本は日本語で高等教育を受ける現状を譲ってはいけません。最近は進学校で数学などの授業を英語でやるところもでてきているようですが、保守としては、国連の公用語に日本語を入れて、堂々と日本語で演説ができるようになること、外国人が日本語を学びたくなる方策を打ち出すこと、を大いに主張すべきだと思います。

注1　エドワード・サイデンステッカー（一九二一〜二〇〇七年）　アメリカの日本学者。谷崎潤一郎、川端康成、三島由紀夫の作品や『源氏物語』を英訳し、川端康成のノーベル文学賞受賞に貢献したとされる。

注2　ドナルド・キーン（一九二二年〜）　アメリカの日本学者。コロンビア大学名誉教授で、同大学には「ドナルド・キーン日本文化センター」が設立されている。二〇一一（平成二十三）年の東日本大震災後に、日本国籍を取得して日本に移住した。

税金をたくさん納めた人には名誉を与える

日本の歴史の古さを象徴するのが皇室です。日本の皇室のように長く続いている王家は、普段「天皇なんて嫌い」と言っている人でも、特に実際にお目にかかれる機会を持つならば、自然と敬意を払ってしまうものです。それだけに外国の人から見て、総理大臣とは「格の違い」がある。その意味では、皇室外交はとても大事だと私は思います。だから、天皇陛下が退位されることを認めるかどうかの議論において、退位に賛成でした。外交面において十分な仕事ができなくなれば、日本にとって大きな損失だからです。

皇室に関してこんなことを言うと怒られてしまうかもしれないけれど、私は園遊会（注1）の招待客は半分を高額納税者にしたらいいと考えています。そうしたら、これまで田舎で脱税していた人たちがこぞって納税し始めるのではないでしょうか。そういう場で、さらに、納税上位の人に天皇陛下が「あなたは偉い」とお言葉をかけるようにしてあげれば、それを言われたいがために、気合い入れて納税に頑張る人が出てくることも考えられます。

このアイデアを政治利用という人がいるかもしれません。しかし、高額納税者を園遊会に招くことで歳入が何千億円（下手をすると兆単位）かの増収になれば、皇室費に何十億円もかかってもったいないなどと、誰も言わなくなると思います。

「たくさん税金を払った人に名誉を与えて税金を集める」ということでは、相続税に関してもアイデアがあります。

格差社会を是正する方策、それから高齢者に金を使わせる方策という意味で、私は「相続税一〇〇％論者」です。昔と違って、相続するときに子どもが六十歳になっていることがあるので、相続財産をもらう頃には、大して金が必要もないし、実際に使ってくれないから経済が活性化しないので、このような提言をするのですが、確かにすべて召し上げるのはあまりに気の毒です。そこで、相続税を十億円を払ったら子爵、百億円だったら侯爵と、爵位をあげるというのはどうでしょうか。生前に、予定納税という形で、相続税の前払いをする人なら、爵位に必要な金額を半額にしてあげてもいいかもしれません。そうなれば生きている時から「和田秀樹子爵」というふうに、呼ばれるわけです。

若い頃は関心がなくても、年を取ってくると名誉が欲しくなり、いわば「叙勲狂騒曲」が起こる。地方では叙勲のために民間企業の経営者が村会議員に無理になろうとする人もいると聞きますし、選挙違反をした人が恩赦を受けたがるのは前科者のままだと叙勲できないからだそうです。それほど名誉を求める人がいるのだから、「名誉をあげて税金を徴収するシステム」として、爵位を活用したらいいと、私は思います。

と言っても、戦前の華族を復活させるとか、恒久的な貴族制度をつくろうというつもりはありません。今、爵位を設けるのは、差別でなく表彰のためです。その爵位は多額納税をした人か、本来なら財産が入ってくるのにもらわなかったその子のみに与えられ、孫には引き継げないようにすれば、平等を謳《うた》った憲法に違反しないはずです。

余談ながら、昔、「長者番付の一位になれば宣伝になる」と言って、自分の稼ぎ以上に所得を申告した（おそらくは経費とか控除を使わなかったということなのでしょうが）という伝説もあります。「スリムドカン」という健康食品を売っている銀座まるかんの社長斎藤一人という人です。長者番付で二年か三年続けてトップになりましたが、自分の名前と会社の名前を売るために税金を払ったほうが安いというユニークな発想でした。いくら税金を払ったのかわからないけれど、それと同じぐらいの広告効果はあったようです。

注1　園遊会　天皇・皇后が主催する野外での交流会で、春と秋に東京の赤坂御苑で催される。招待者は、内閣総理大臣、国務大臣、衆参両院の議長、最高裁判所の判事、都道府県知事と議長などの立法、行政、司法の要人や著名人、功績者で、約二千名である。春の園遊会は、各国の外交使節団の長や外交官も招待される。

日本は世界最初の庶民文化の国である

爵位という名誉を担保するのは天皇の存在であり、天皇は貴族が培《つちか》ってきた「雅《みやび》の文化」の源でもあります。その貴族の文化も素晴らしいのですが、庶民文化も日本の誇る素晴らしい文化だと思います。

日本の庶民文化は江戸時代に大きく発展しました。同時代のヨーロッパを見ると、十九世紀ぐらいまでは音楽も小説もほぼ貴族に独占されていた。イギリスでシェイクスピア

（注1）の劇を見たのは貴族階級（ある程度の富裕層も観られたようですが）であり、庶民にお芝居を見せるのはもっと後らしいのです。近松門左衛門（注2）とシェイクスピアの違いはそこにある。日本では近松門左衛門の浄瑠璃や浮世絵、井原西鶴（注3）の小説、歌舞伎等々、いずれも庶民を楽しませるものでした。庶民の楽しみとしての演劇がヨーロッパに多少はあったのかもしれないけれど、圧倒的に日本がすごい。だから、文学も、音楽も、演劇も、日本は庶民文化が世界で最初に勃興《ぼっこう》した国だといわれています。

この庶民文化とともに、江戸時代における庶民の知的向上心も世界に誇れるものだと、私は思います。

江戸時代の日本は識字率で世界一とよく語られますが、調べてみると、江戸時代の前半はともかくとして、後半はフィンランドが識字率で世界一でした。なぜ、フィンランドが識字率世界一になったか。もともとは一六世紀にフィンランドにアグリコラという人が出て、フィンランド語の書き言葉の普及に努めたことに始まります。しかし、実際に、フィンランドの識字率が大幅に向上したのは、一六八六年に「スウェーデン・フィンランド教会法」という就学の義務を課す宗教法ができてからです。この法律によって『聖書』の読み書きができないものは結婚できないようにされたというのです。もともとはスウェーデン化や宗教の啓蒙のために作られた法律でしたが、その後、スウェーデンから独立を勝ち取ったフィンランドはこの義務教育を続け、自分たちのアイデンティティをフィンランド語におこうとしたとされます。いずれにしても、義務教育法が施行された結果、フィンランドは世界一の識字率になりました。

しかし、それはあくまでも強制力によるものです。日本人は世界で二番目ぐらいの識字率だったけれど、これは強制力によるものではない。庶民が自腹を切って、子どもを寺子屋に通わせた結果です。

江戸末期は別ですが、寺子屋の秀才が武士になれたわけではありません。これは庶民文化が影響したかもしれないのだけれど、「金を払ってでも字が書けるようになりたい」「金を払ってでも計算ができるようになりたい」――自腹を切って教育を受けたい――という知的水準が庶民にあったのです。それは知的向上心といって差し支えないでしょう。

強制力がなくても庶民が勉強したという歴史は、われわれ日本人の誇りであると同時に、これからも守っていくべきものだと思います。

注1　ウィリアム・シェイクスピア（一五六四～一六一六年）　イギリス文学を代表する劇作家。「ハムレット」「オセロ」「リア王」「マクベス」は四大悲劇と評され、「ロミオとジュリエット」「ベニスの商人」「真夏の夜の夢」「ジュリアス＝シーザー」などの作品を残した。

注2　近松門左衛門（一六五三～一七二五年）　本名は杉森信盛。江戸時代の歌舞伎と浄瑠璃の作者で、「曽根崎心中」「出世景清」「国性爺合戦」「心中天網島」「女殺油地獄」などが代表作である。

注3　井原西鶴（一六四二？～一六九三年）　本名は平山藤五。江戸時代の浮世草子と浄瑠璃の作者で、「好色一代男」「日本永代蔵」「世間胸算用」などがある。談林派の俳諧師としても活躍した。

日本の食文化ほど競争力を持つものはない

いまや寿司、天ぷら、すき焼きは世界中で知られる料理になりましたが、食文化でも日本は素晴らしいものを持っています。

もともと大衆の見る演劇であった歌舞伎がいまは高尚なものに変わったように、江戸時代のファストフードだった寿司や天ぷらは長らく続いているうちに洗練されていって、高級な料理に発展しました。この「洗練する」というのは日本の得意技です。ソースにしても日本が思いっ切り改良したし、まずかったマヨネーズをおいしくしたのも日本です。日本食のいいところは、フランスやイタリアがそれに近いところがあるけれど、ファストフードから高級料理まで、どれもうまいことです。そういう国はあまりありません。

さらに言えば、庶民料理のレパートリーが圧倒的に多い。イタリアだったらピザくらいしかない（イタリアでは、通常のリストランテにはパスタはあっても、ピザは庶民料理なのでありません。たとえば、ラザニアはリストランテで食べるものなので、庶民料理とは言えないのです）。ところが、日本にはお好み焼き、たこ焼き、ラーメン、丼物など、たくさんあります。なかでも、ラーメンは本当にすごい文化だと私は思います。

中国に行くと、麺類の料理はほとんどがタンメン系で、せいぜいタンタンメンが違うぐらいです。そのタンタンメンにしても、もとのスープは同じではないでしょうか？　そして、麺の味はワンパターンです。ところが、日本のラーメンは具も麺もスープもバリエーションがあります。

くだらない豆知識だけれど、日本人は、ラーメンを味噌、醤油、とんこつというような分け方をする。これは本来はやってはいけない分け方なのだそうです。味噌、醤油、塩ならばいい。とんこつは「味つけ」でなくて「ベース」です。とんこつ、魚介、鶏ガラというのがベースのジャンル分けになります。ベースには、鶏、魚介、とんこつ、あるいはそのミックスがあり、ベースに乗せる味つけには味噌、醤油、塩があるという理屈です。

ベースが鶏ガラ、魚介、とんこつ、味つけが味噌、醤油、塩というバリエーションで考えても、三×三で九の異なるスープが生まれます。その上にとんこつと鶏ガラ、とんこつと魚介などのミックスがあるし、魚介でも煮干し、鰹節など、素材の違いで味が異なってくる。さらに牛骨のベースもでてきましたし、カレーやトマトの味付けのラーメンも出現していいます。また、つけ麺、冷やし中華といったバリエーションも派生しました。日本のラーメンを食べ歩く外国人のツアーをテレビで放送していましたが、一軒や二軒のラーメン屋で食べてもまだまだ奥があり、尽きることのない魅力がある。

ラーメンだけでなく、いまの日本で最も国際競争力があるのは食文化だと私は見ています。フランスで三ツ星のレストランにいくと、コースが平気で三百ユーロぐらいします（一ユーロは現在百三十円ぐらいですが、二百円ぐらいした時も同じ値段でした）。それを考えたときに、まだまだ日本は本当に価格的にはもっと上げられるレベルらしいのです。

これも余談になりますが、回転寿司はファストフード時代の寿司に戻っているような状況と言えます。しかも、ロボットが握る店もある。時代の最先端を行っている日本ならではの現象です。

一ドル＝三十円になれば、日本とアメリカのGDPはほぼ並ぶ

昭和の末期に「円高亡国説」が騒がれたことがありました。このとき、昭和天皇が「なぜ、円が高くなって悪いのか」とおっしゃったらしい。戦前が一ドル＝一円で、戦後の混乱期に一ドル＝一千円ぐらいに下がった。国が発展していくにしたがってだんだん円高になっ

た歴史を体感して、「円高は国が強くなってきているあらわれだ」とわかっておられたのでしょう。

私も「円高繁栄論」に賛成で、円安を志向するのは負けの発想であり、日本は「一ドル＝三十円」を目指すべきだと考えています。

「一ドルが三十円になるなんてあり得ない」と思われるかもしれないけれど、一ドルが三百六十円から八十円になるまでに二十四年しかかかっていません。その九五年から順調に成長していたら、今頃、八十円から四分の一の二十円になる流れだった（そうであれば、日本はGDP世界一です）のに、いまは百二十円前後まで下がってしまいましたが、十年、二十年のスパンで捉えたら、決してあり得ないことではないと思います。

では、なぜ「一ドル＝三十円」なのか。一ドルが三十円になったら日本の富は四倍に増え、アメリカとGDPでほぼ並びます。日本は二度とアメリカに追いつけないと思われているけれど、そんなことはありません。「一ドル＝三十円」になるように産業改革をすれば可能なのです。

いま、「一ドル＝九十円」で勝負にならないから「一ドル＝百二十円」にして、ダメな産業を生き残らせています。しかし、「一ドル＝三十円」で勝負できない産業は淘汰されたほうがよく、「一ドル＝三十円」でも勝てる産業を生き残らせるべきというのが、通常の「選択と集中」の考え方の基本のはずです。実際には内需がGDPの九割もあるのですから、これは十分に可能なことです。

ニューヨークでラーメンがチップを入れて一五ドルだから、現在の為替レートで換算すると一千八百円ぐらいです。日本のラーメンがだいたい六百円くらいとすると、三倍の額になります。「一ドル＝三十円」は無理でも、四十円でも同じ値段なのです。

ラーメンはまだまだとしても、「一ドル＝三十円」で勝てる産業として、私が考えるのは医療と観光です。

日本のほうの技術が高いのに、現在、手術の費用は一ドル＝十円でアメリカと同じ値段になる。だから、一ドル＝三十円でも十分勝負できます。医療ツーリズムをやればいいと思います。以前フランスなどカトリック国で中絶が禁止されていた時、日本にやってきて、中絶をするフランス人女性もいました。

観光については、いま、たくさんの外国人観光客が日本にやって来ていて、下地は整いつつある。「一ドル＝三十円」でやっていくときに大事なのはリピーターをつくることです。

外国人が日本のリピーターになる一番の理由は食べ物だと私は見ています。風光明媚な場所は一回行けば飽きるだろうし、見るものはリピーターを生む要因にはなりにくい。しかも、東京などは、昔と比べると下町情緒は消えつつあり、見る価値が乏しい町になってしまった。古いよきものはどんどん失われている。これでは「見る」というところだけで競争するのは厳しいでしょう。現在日本で、一万円の料理が三百ドルでもリピーターは十分つくと思います。ワインは一ドル三〇円になればそれだけ輸入価格も下がるので、その分値段を下げれば外国人も高いと思わないはずです（そもそも、今のコースの値段の倍以上がワイン代という現状がおかしいのですから）。

私は関西出身ですが、大阪の人間が本当にアホだと思うのは、グランフロント（梅田駅前の商業施設）のようなものをつくって喜んでいることです。東京の人間や外国人に来て欲しいのだったら、ミナミ（注1）を打ち出したほうがよかった。グリコの看板がある橋や法善寺横丁、それから新世界あたりには「ソース二度づけ禁止」の串カツ屋がいっぱい並んでいるし、天王寺公園であれ何であれ、ミナミは大阪っぽい風情がいまだに残っています。

ちなみに、観光地と呼ぶのには問題があるのですが、一番大阪っぽい風情が残っているのは飛田新地《とびたしんち》（注2）です。ここは本当にすごい。「こんな町がどうしてあるのか」と思うほどです。瓦葺《かわらぶき》の屋根の家に飾り窓のようなところがあり、女の人がセーラー服を着て座っていたりする。私はそれほど行ったことがないから詳しくはわからないけれど、若い町とおばちゃん町があり、おばちゃん町のほうが料金が安くて風情があると聞きました。そして、結構きれいな人が一万円程度で売春をやっているらしい。一ドル二百円になったら、それこそタバコが十ドルのアメリカ人が、五十ドルで女性が買えることになる。まさに買春ツアーに日本人が東南アジアに行っていた頃の感覚です。これだって一ドル三十円くらいになってもらわないと、日本がかつての東南アジアになったような惨めな気分になってしまいます。

もちろん、一ドル三十円になれば、日本人が海外で安くブランド品（女性もそうですが）が買えるようになり、お客様として大事にされます。もっとデフレになる（それがどれだけ悪いことかわかりませんが）かもしれませんが、輸入品の値段が安くなるので、相対的な可処分所得も高くなる。さらに日本が海外の企業を買いやすくなる。逆に外国人に日本の会社や土地を買われにくくなるというメリットがあります。このまま円安が進むと、日本の先端技術を持った企業や、皇居の周りの土地がみんな中国のものになりかねないのですから。

注1 ミナミ　島之内、道頓堀、難波、千日前など、大阪市中央区と浪速区にある繁華街。

注2 飛田新地　大阪市西成区にあった飛田遊廓の現在の呼び名。

ＪＲのバリアフリー化が遅れている理由

これも聞いた話だけれど、新幹線の駅をつくると、ストロー現象が起こって、客が主要都市に集められてしまうのだそうです。北陸新幹線なら金沢、東北新幹線なら仙台、九州新幹線なら福岡以外は、逆にさびれてしまうと言われます。

たとえば、九州新幹線ができて熊本駅から博多駅まで四十分かからなくなりました。すると、これまで熊本市で買い物していた人が福岡市に買い物に行くようになる。東北新幹線ができたら福島市で買い物していた人が仙台市に行ったり、東京に行ったりする。当然、新幹線の駅をつくった地方都市の商業はさびれるわけです。

温泉地でも近くに高速のインターをつくるとかえってダメになり、不便なところにある温泉のほうが流行るのだそうです。こういう過去の事例をきちんと研究すればわかることなのに、それをしないで「交通の便がよくなったら流行るだろう」と愚かなことを考え、つまらない結果を招く。観光産業が力をつけるためには、こういうマイナス効果になる浅はかさは直さなければいけません。

この問題を考えたとき、ＪＲ北海道とＪＲ九州を比べて感じることがあります。ＪＲ九州のエリアで山だらけでどうしようもないところに、あえて単線に高級な列車を走らせ、高い料金を取る（注1）。ＪＲ西日本も、いまだに単線の山陰本線に、一車両が一つの部屋で最高百二十五万円も取る列車を走らせる（注2）。ＪＲ北海道も開き直ったら、いろいろとおもしろいことができるはずです。北海道はいまでも石炭が採れるらしいから、ＳＬを走らせる気になれば走らせられるはずです。そういう経営努力をしないで、「うちは田舎だからダメです」と簡単にギブアップしてはいないでしょうか。札幌駅ビルの高級ホテルにしても、あの寒くて雪の多いところなのに、一度外に出ないとチェックインできないので、驚いたことがあります。商売の上手なＪＲ九州と下手なＪＲ北海道の差が実に大きいと思います。

ヨーロッパは北欧の人が勤勉で、南に下がるほどいい加減になります。普通は寒いところの人のほうが頑張るのだけれど、ＪＲ北海道とＪＲ九州の場合は反対になっている。このギャップが不思議でなりません。

ＪＲということで思い出したのですが、国鉄が民営化されて、東京駅はテナントだらけになりました。しかし、エスカレーターがほとんど増えていません。私鉄は公共企業意識があるから、儲からなくても、そういうことをわりとやるのですが、ＪＲという会社は、「民営化したのだから金儲け」という感じになってしまって、儲からないことはあまりやらない。バリアフリー化は、私鉄より遅れていると思います。

同じようなことは、道路公団の民営化でも起こっているようです。いま、首都高が以前の倍ぐらい工事していて、不思議に思っていたところ、タクシーの運転手から嘘か本当かわからない話を聞きました。彼が言うには、道路公団の時代は業者からキックバックをもらうと犯罪になったが、民間企業になったので業者からキックバックをもらい放題になって、アホなくらい工事をやっているとのことでした。しかし、道路公団の職員は、民営化されても「みなし公務員」の扱いを受けるために贈収賄罪の適用を受ける可能性がありますす。だから、それは誤解なのでしょうが、民営化で無駄な工事やお金の無駄遣いがなくなるというのは幻想だった気がします。

ただ、あくまでも一般論ですが、国営企業が民営化すると、社会主義国が資本主義国になったときのように、商道徳が低下するのかもしれません。というのは、ソ連がロシアになったとき、国が押さえつけ低下するや否や、漁民が乱獲を始め、ベルーガという希少品種の大きい粒のキャビアが全然獲れなくなったことがありました。そのため、何年か禁輸になり、おいしいキャビアが食べられなくなって困惑した時代が続きました。ロシアに独占企業の巨大財閥が瞬く間にできたのもその頃です。

社会主義国が資本主義の国になったときであれ、民営化であれ、モラルの面が崩れるとすると、そこをソフトランディングさせるのは難しいと思います。ロシアでプーチン大統領のようないささか強圧的な指導者に期待が集まる原因はそのあたりにあるかもしれません。「力づくで押さえてくれるやつがいなければ、どんどん人間が腐っていく」。この現実をロシアの人たちは旧ソ連の崩壊で目の当たりにしたからではないか、というのが私の推測です。

いずれにしても、市場経済化や民営化を手放しで歓迎する人が多いようですが、社会主義の国から資本主義の国になるように、極端から極端に走ると、人間はろくなことをしないと私は思っています。

注1　ななつ星 in 九州　ＪＲ九州が運行するクルーズトレイン（周遊型臨時寝台列車）。料金は一泊二日で十五万円から四十万円である。

注2　トワイライトエクスプレス瑞風　ＪＲ西日本が運行するクルーズトレイン（周遊型臨時寝台列車）。京阪神地区と山陰山陽地区を走る。

第七章
日本的人間関係は本当に悪いのか

終身雇用、年功序列は会社を繁栄させる合理的なシステム

第二次世界大戦の敗戦以上に日本人の精神的な影響に大きな影響を及ぼしたのが、一九九〇年代後半の「マネー敗戦」(注1)だと私は思っています。

第二次世界大戦で負け、憲法も変えられたにもかかわらず、日本型の人事システム、日本型の教育システムが戦後も守られていました。終身雇用、年功序列は大正時代ぐらいに確立したらしいのですが、戦争で負けたのに、そういうシステムや考え方は変わらなかったし、財閥が解体されても株の持ち合いは続くなど、精神風土を含めて、ほとんど変わっていないのです。

ところが、一九九〇年代にアメリカとの「マネー戦争」で負けた途端、ガラッと変わって、戦前からの継続が断たれました。株の持ち合いが否定され、メインバンクと企業という結びつきから株主資本主義に変わっていった。そして、株主利益を追求するために、単年度決算がものすごくうるさく言われ、長期的なビジョンで経営することができなくなったし、終身雇用、年功序列が否定され、リストラも相次いだ(それと機を一にして自殺が急増し、一四年間にわたって、年間三万人以上もの日本人の尊い命が奪われることになりました)。そういう大変化が起こったのです。

「終身雇用、年功序列にするから、人々は働かなくなる」というアメリカの押しつけてきたロジックを、みんな素直に信じた。でも、それは間違いでした。終身雇用、年功序列の前提は「会社が潰れない」ということです。だから、終身雇用時代のほうが社員は会社のブランドイメージを守ろうとした。たとえば、「あの会社の商品は故障が多い」という評判が定着したら会社が潰れてしまうから、「製品に欠陥がないか」「故障がないか」と何度もチェックしたりして、みんなでトラブル防止の努力をする。それが日本製品のクオリティの高さにつながったわけです。

年功序列にしても、悪いことのようにいわれました。若い頃はめちゃくちゃ働いているのに給料が安く、年を取ってからは大して働かなくてもそこそこ給料がもらえるのが、年功序列というシステムです。これは「若い頃は会社に金を貸していて、年を取ったら返してもらうシステム」と言い換えることができるでしょう。したがって、貸している金を回収する年齢になる前に、貸付先の会社が潰れてしまっては困る。ある意味で、社員を本気で働かせ、会社を繁栄させるためには合理的だったのです。

一九九〇年代に「働きのわりに給料が高い」といって、中高年の社員がクビを切られてしまったほどの詐欺はないと、私は思っています。その人たちは、若い頃、会社に貸した金を受け取る権利があったのに、そういう暗黙の約束を反故《ほご》にされ、これまでの労働慣習を無視して切り捨てられた。これほど人間不信に陥らせる仕打ちはありません。

注1 マネー敗戦 経済学者の吉川元忠は、一九九八年に出版した『マネー敗戦』(文春新書)で、バブル崩壊後に生じた日本経済の低迷が日米マネー戦争の敗北によるものと、指摘した。

YKKは本当の終身雇用を実践している

挙句の果てに、出来のいい熟練労働者やベテランの工場長クラスが中国に引き抜かれて、技術が流出してしまいました。

日本では先進技術だけを気にする傾向があるように思うのですが、日本が圧倒的に強いのは熟練技術のほうです。たとえば、YKKのファスナーはとっくに特許が切れているものです。しかし、〝引っかからないファスナー〟はYKKを除いて、世界中でどの会社もつくれない。だから、中国製のファスナーが一円、二円なのに、ヴィトンであれ、何であれ、有名ブランドがYKKのファスナーを三十円、五十円で買うそうです(正確な取引価格はわかりませんが)。

それから、スマートフォンに使われる小さなレンズにしても特許が切れているのですが、いまだに日本の会社以外はちゃんとしたものがつくれないらしい。あるいは、ベアリングの技術で日本は圧倒的に強く、高温多湿の国でコピー用紙が詰まらないベアリングは、日本の会社でしかつくれない。そのため、キヤノンがゼロックスより強かったりするのだそうです。

レンズの技術であろうが、ベアリングの技術であろうが、熟練工の持つ技術のほうが若い人たちの持つ先進技術よりも、よほど真似がしづらい。そういう強みがリストラと称する行為で日本から抜けてしまった。ＹＫＫの本当の意味での終身雇用を見習えと言いたくなります。

ＹＫＫは同族経営だけれど、いまだに残っている終身雇用、家族型経営の会社です。会社にいたければ、社員は七十歳ぐらいまでいることができる。なにしろ吉田忠裕社長みずからが、定年廃止論を主張し、定年制をつくるなら「九十歳定年制」にしようと提唱しているのです（『ＹＫＫの流儀』ＰＨＰ研究所）。そうやって技術を守ってきたわけです。

百田尚樹さんが書いた『海賊とよばれた男』（講談社文庫）は、家族型経営を標榜した出光興産の創業者・出光佐三《いでみつさぞう》をモデルにした小説です。この本を読んで、彼のどんなに経営が厳しい時期でも、自分の財産を投げ売ってまで人員整理をしない家族経営方針を守り続けた姿をみんながよかったと感じるのは不思議でも何でもありません。百田さんの『永遠の0』（講談社文庫）は八割ぐらいフィクションで、『海賊とよばれた男』は九割ぐらい実話だから、そこは大きく違うけれど、『永遠の0』よりも『海賊とよばれた男』のほうが小説としてはいいと私は思います。読み終わったあとに涙する度合い、「日本人的なるもの」に訴えかけるものはずっと大きいからです。

ある意味で、終身雇用、年功序列は、会社が従業員に対して、何十年にもわたって約束を守るということです。ドライな商関係ではなくて、誠実に約束を守る。それはすばらしいことだと思います。

この「誠実さ」が日本人の義理堅さにも通じていて、ビジネスの場では、中国人でさえ、日本人のほうがアメリカ人より信用できると言う。そこを理解できないアメリカ型のビジネスを学んできた人が多いのではないでしょうか。

私は日本型の人間関係は守るべきものだと思っています。日本型の人間関係は誇るべきものでこそあれ、「依存的だ」とか「甘えている」と言われる筋合いのものではありません。

日本型の人間関係において、言葉にしなくても相手の真意を推《お》し量《はか》って気を利《き》かせる「忖度《そんたく》」が起こりますが、それは悪いことではない。会社の損失を隠したり、相手を喜ばせるために不正にまで手を出すといった忖度に問題があるだけの話です。普通は秀吉が信長のために草履《ぞうり》を温めた話にあるように、忖度自体は褒められるべきことです。

犯罪に手を染めてまで忖度することを防止するには、上の人間が「そういう形で気を利かせてもらったら、かえって迷惑する」と言うことが大事です。たとえば、コマツの坂根正弘さんのように「悪い情報からあげろ」と宣言し、上の人間があえて自分に対して厳しいことを言ってくれる人を重用すれば、悪い忖度はされなくなるでしょう。

森友学園の一件で、国有地を安く売却したと批判された近畿理財局の責任者である局長が国税庁の長官になりました。土地にいろいろと難点があったためにやむをえずああいうことをしていたという面があったのかもしれません。とはいえ、会計検査院が六億円も過剰な割引をしたと試算するように、国に損をさせ、批判されるような売り方をしたわけですから、昇進させるのではなく、安倍首相も、「あなたのせいで誤解された」という理由で彼を左遷するぐらいがちょうどいいと思います。いまは内閣人事局で人事をやっているだけに、昇進させたら、痛くない腹を余計探られることになります。もっとも彼を左遷したら、あの文科次官の二の舞になるのを恐れたのかもしれませんが……。

甘えより甘えられないほうが悪い

一九七一年に土居健郎先生が『甘えの構造』（注1）を出されました。この『甘えの構造』ほど、誤読されている本はありません。土居先生は「甘えてはいけない」ということを、ひとことも書いていなくて、「甘えられないのがいけない」ということを書いている。「人の好意は素直に受け取ればいい。人の好意を素直に受け取れなくて、ふてくされたり、ひねくれたりするほうが、よほど病的だ」ということを言っているのです。

たとえば、暑い日に、わざわざ足を運んでくれた人に冷たいお水を出してあげるという行為一つとってみても、アメリカでは「お水をください」と言わないと出て来ないけれど、アメリカ人だって言われなくても水を出してあげれば喜びます。その意味では、「甘えの構造」は日本人特有の性質を意味しているのではなく、人間に共通するものだと言えるでしょう。だから、国際的な精神分析の流れの中で土居健郎先生が再評価されていて、一九九〇年代の末ぐらいにブエノスアイレスで開かれた国際精神分析学会では「甘え理論」がシンポジウムのテーマになったし、コフート学派を初めとする現代精神分析学では、「心理依存の文化は人間に普遍的なものだ」という考え方が強くなってきています。

アメリカでは「自立から相互依存へ」と言われ、それはMIT（マサチューセッツ工科大学）で共同研究の方法論を教えるようになったことやEQ理論（注2）にもあてはまります。EQ理論では「自分だけ」でなく「共感できるほうがいい」と考えられ、EQ的なリーダーシップは「人々にビジョンを持たせることやスタッフと共感できること」が重要視される。「人々と共感できること」が大事だと言われている時代なのです。

ところが、日本は一九九〇年代後半のアメリカ型を憧れるようになって、むしろ共感的でない、暴君的な指導者がいいという風潮も感じられます。それはアメリカで時代遅れになったものを後追いすることになります。

ある意味で、ゆとり教育もそうなのです。一九六〇年代にアメリカは子どもの自発性を重視し、強制力を働かせない教育をやり、学力低下が起こった。そこで日本がアメリカ型の真似をするのと同じく、アメリカは教育では日本型を見習いました。ところが、アメリカで古いとされた自発性重視の教育を二〇〇〇年代にやろうとしたのが、日本のゆとり教育でした。

テクノロジーが進歩していくにつれて、一匹狼的な人間ではなかなか勝てなくなっています。たとえば、前述の青色ダイオードの中村修二氏はアメリカに行って、まったくと言っていいほど業績をあげていないのですが、ちゃんとした部下がいないのだから、いい業績などあがるわけがないのです。逆に前述のように中村氏が去った日亜化学の研究者チームは白色ダイオードを開発して、中村氏以上の利益を会社や日本にもたらしました。偉大な発明であれ、特許であれ、技術であれ、一人でできるものではなく、チームでできると いうのが日本型です。アメリカでも「研究チームを組むほうがいい」とわかってきて、日本型の共同研究システムを取り入れています。それなのに、日本のほうが、中村修二氏のような一匹狼的な人を評価する。逆をやっていると言うより、向こうが古いと判断して止めたことを、日本が憧れてやっているのです。

注1『甘えの構造』 一九七一年に精神科医の土居健郎が出し、ベストセラーになった。英語、ドイツ語、フランス語、イタリア語、中国語、韓国語、インドネシア語、タイ語で翻訳されている。

注2 EQ EQは「Emotional Intelligence Quotient」(心の知能指数)の略称で、「心の知能」は自他の感情を知覚し、それによって自分の感情をコントロールしたり、他人とよい人間関係をもてる能力と理解されている。

二十年前の知識を最新と思いこむ大学教授は少なくない

日本のいい点ばかりを述べてきたけれど、日本のまずい点も少し指摘しておきます。日本人は「人間は変わらない」という思いが強いようです。たとえば、私が東大の医学部卒だと聞いた人から、「和田先生は頭がいいんですね」と言われることが多い。「頭がよかったんですね」と言われるのなら、まだ話はわかるのです。つまり、大学を受験した十八歳の頃は、他の受験生にまず負けなかったと自負していますが、それから四十年間、どれだけ勉強したかで、いま頭がいいかどうかが決まります。ちゃんと勉強してきたらいまも頭はいいだろうし、勉強してこなかったらバカになっているはずです。

同様に「東大教授」が尊敬されることもおかしな話です。東大教授の肩書きだけで審議会の委員になったりする。しかし、その人が教授になってから、本当にどのぐらい論文を書いたのかを調べて初めて、価値がわかります。ひょっとすると、二十年前に東大教授になった人は、おそろしく古い考えの持ち主かもしれないのです。というのは、日本の大学教授はだいたい助手時代に留学するのですが、そのあとでろくに勉強していないと、二十年前に留学した頃の知識を最新のものだと思いこんでいる（ゆとり教育の旗振りをやった東大教授がそのいい例です）恐れがあるからです。そういう「頭の悪い人」は少なくないと私は思っています。

医者の近藤誠（注1）さんがいま主張していることが正しいか、正しくないかは別として（少なくとも世間の大学医学部教授よりは統計データに基づいているようですが）、彼が最初に主張して医学界を敵に回すことになったことは「乳がんで乳房をすべて取っても（それどころか周囲のリンパ節や大胸筋という筋肉まで取り去ります）、がんだけを摘出して放射線を当てても、死亡率が変わらない」ということを公表したことでした。それまで「おっぱいを全部取らないとがんが転移する」と医学的根拠のない信念を教えてきた医者たちは、面子が潰れるからと考えて、近藤潰しを始めました。結局、乳房温存療法という新しい術式が、当たり前に日本の病院でやれるようになるまで、十五年かかりました。権威とされる医者たちがみんな引退してうるさいことを言わなくなる前に、近藤さん以外の医者がそれをやったら、「おまえは近藤の味方だ」という形になって干されました。十五年間、乳がんの患者さんは無駄におっぱいを取られ続けたのです。

学会というところは、長く教授をやっている人ほど、勉強をしていなくてもボスになってしまうという大きな問題があると思います。日本の人事システムでよほど問題なのは、大学や学会のほうです。進化させなければいけない学問の世界は企業と違って、年功序列、終身雇用ではいけません。大学教授こそ、三年に一回ぐらいは総選挙をやるべきです。

注1 近藤誠（一九四八年〜） 医師。がんのセカンドオピニオン外来を専門とする。がん治療は基本的に「放置」という方針を提案している。

超高齢社会にキリスト教は古い

一般論からいうと、「年長者を上に立てる文化」は悪いことではないと私は思います。年を取れば取るほど、前頭葉が畏縮し、セロトニンという神経伝達物質が減ってきたりするから、ちょっとしたことでキレやすくなります。そのために感情のコントロール能力が悪くなり、イライラしやすくなる。だから、「年寄りを上に立てる文化」は、ある種の先人の知恵と言っていいでしょう。いわゆる「暴走老人」にしても、四六時中暴走するわけではなく、自分を立ててもらっている限り、機嫌がいいはずです。

お釈迦様は「運命を受け入れろ」と言い、孔子は「上を立てろ」と言ったけれど、それらと比べると、キリスト教的な発想だと、働ける人ほど偉く、年寄りに関してはチャリティー（慈善）の対象になる。でも、チャリティーの対象として恵まれる側は、心理的に下になります。「同情するなら金をくれ」ではないけれど、「私は慈善で生かされている」というのは、あまり嬉しくはないのです。

人間の心理は立てられているほうがいい。つまり、「あなたは年寄りだからかわいそうね」と言われてお金を恵んでもらうよりは、「これまでしっかり働いてきた。年金はそのお礼です」と言われるシステムのほうがお年寄りの心理としては受け入れられやすいのです。

イエス・キリストが三十代で死んでいるのに対して、お釈迦様は八十歳まで生き、孔子は七十代まで生きました。年寄りの気持ちがわかっている人がつくった宗教と、年寄りの気持ちがわかっていない人がつくった宗教の違いが、そこにあるのかもしれません。高齢化していく社会では、年寄りの気持ちがわかっている人がつくった宗教のほうがいいのではないでしょうか。「超高齢社会だから、キリスト教は古いよ」ぐらいは言ってもいいのに、逆にキリスト教的な価値観がどんどん強まっているのが、いまの日本です。仏教や儒教をヨーロッパやアメリカに広げるぐらいの気概を持って欲しいところです。

「一人ひとりが助け合う文化」が日本を救う

前出の「おもてなし」という言葉が近年流行していますが、言われてなくてもやってくれる日本型のサービスは素晴らしいものです。ときどき学生を連れて飲み会に行くのですが、「和民」はびっくりするぐらい店員がいなくて、店に入ってからもかなりの時間待たされたことがありました。「それってどうよ」という感じです。安ければサービスなんてしなくていい、という感覚なのでしょうか。

あるいは、サラダバーであれ、ドリンクバーであれ、「自分で取りに来てください。そのかわり安くします」というスタイルは、あまり日本人にそぐわないと思います。一億総中流の頃の日本のように、高くてもいいサービスを求めるほうが、サービスの質が上がります。それを考えると、日本からの輸出品として「もの」ばかりが想定されるけれど、日本型のサービスを提供するコンビニや百貨店や小売店のビジネスモデルを輸出するのもいいのではないでしょうか。

事実、セブンイレブンはそのやり方で成功している。もともとセブンイレブンはアメリカの会社でしたが、小ロットでおいしいものを食べさせるというような日本型のサービスを始めて、アメリカで逆に息を吹き返しました。

日本は「マネー敗戦」以降、安売り競争に入り、賃金をどんどん下げていった。その結果、サービスの質は低下し、もののクオリティが下がりました。イギリスの会社であるダイソン（注1）が売る今の日本人からするとかなり値の張る（これもバブル前なら決して高いと思わないようなものなのですが）ヒット商品の数々は「本来、日本がつくるべきものではないか」と思うことがしばしばあります。戦後のイギリスの電機メーカーは故障が多くて性能が悪いものをつくる国の代表格でした。クオリティの維持、向上を日本はもっと意識する必要があります。

それから、「一人ひとりが助け合う文化」も大事でしょう。中国や韓国にだいぶ学力面で負けて来ましたが、いろいろな問題が生じたときに、日本がどうにかこうにか生き返るとしたら、「助け合う文化」が支えになるはずです。

中国や韓国の人たちは足の引っ張り合いが好きで、留学して学んだことを人に教えないそうです。それと比べて、日本は「こんなおめでたい国はない」と言いたくなるくらいです。たとえば、アメリカの人がトヨタの工場に技術を学びに来たら、英語で教えるらしい。中国だったら、何かを学びに来たとき、「中国語を覚えてから来い」と言って、絶対に英語で教えてくれないと聞きます。私は「日本語を勉強しろ」ぐらいは言ってもいいと思うけれど、その優しさは悪いことではありません。優しいがゆえに、日本人が好感を持たれていることは事実だからです。

注1 ダイソン イギリスの電気機器メーカーで、サイクロン式掃除機を開発・製造した。

優しすぎる日本の労働者

おめでたいくらいの優しさを日本人は持っていて、それは労使関係にもあらわれています。しかし、いま、それが問題だと私は思います。何が問題なのかと言うと、労働者のほうが優しいままなのに、経営者のほうがどんどん厳しくなっていることです。

普通、労働者は「給料を上げないのなら、ストライキをして会社を潰すぞ」と脅すものです。ところが、「ストをすると会社が潰れる」「給料を上げると会社が潰れる」というような経営者がしなければいけない心配を、日本では労働者のほうがしている。その結果、何十年も電車が止まることがなくなった代わりに、労働者の給料が上がらず、経営者は内部留保を貯め込んでいるわけです。

労働者がストをしないから、労働組合の連合（注1）はストのときの給料を補填するためのお金を十兆円も持っているそうです。労組も「内部留保」を溜め込んでいる。こんなバカバカしい話はありません。しかも、それでウィン・ウィンになるわけではなく、給料が増えない分だけ、いつまで経っても不景気が続き、企業労組の内部留保として金が滞留し、経営者、労働者双方のクビを締めているという状況です。

昔の労使関係は、働けば働くほど従業員の給料を上げたから、日本の市場がそれほど輸出に頼らなくてもいい規模になった。しかも、給料が上がるから人々の要求水準も上がり、クオリティが高いものがつくれるようにもなった。ウィン・ウィンのいい関係だったと思うのです。

いまは、上のほうの人間がどんどん強欲になっていっているのに、下のほうの人間は気が弱いままです。だから、どんどん格差が大きくなり、人々は貧しくなり、人々の要求水準は下がっている。中にはクレーマーもいるけれど、ものに関して、「安いからこんなものでいいや」と思い、高いクオリティを求めない傾向も強くなってきた。日本人は安いものにもそこそこの品質を求めるので、百円ショップであろうが、回転寿司であろうが、そんなにひどくはないから、貧しくても生活がしやすい。そこは日本のいいところですが、それがさらにデフレ経済を加速すると、私は考えています。

昔であれば、日本人は中国製品、韓国製品なんてカッコ悪くて買えないというようなところがありました。高くてもいいものが欲しくて、安物を買うのはカッコ悪いという大衆感情を、ウィン・ウィンの時代は醸成していた。そこを崩してしまったのは大きい。

いまの労使関係を考えたときに、信頼関係の回復は大事です。経営者は「給料をあげる代わりに、ちゃんと金を使ってくれよ」と社員を信頼して欲しいのですが、経営者の側が人間不信に陥っていて、「給料を上げたところで、どうせ貯金に回るだけだ。経済のパイは大きくならない」と思っているような気がします。だから、「いつ、この国がどうなるかわからないから、内部留保を厚くしよう」という発想になる。この相互不信によるいまの労使関係はおよそ相互信頼（これを「甘え」と土居先生は呼びました）をベースとする日本型の人間関係とかけ離れた状況にあるように思えてなりません。

注1　日本労働組合総連合会　略称は連合。一九八九年に労働四団体（総評、同盟、新産別、中立労連）が統一して生まれた。

『甘えの構造』と『バカの壁』

『甘えの構造』の三十年以上経ったあとに出た養老孟司先生の『バカの壁』（注1）という本があります。

土居健郎先生は「人々は基本的に甘え合える。お互いに信用できるようになるのが人間の発達の方向だ」と言い、養老先生は「人々がそれぞれ持っている理解の仕方は違うから、こちらが言ったとおりの言葉で相手が受け止めてくれるとは限らないし、わかり合えるという幻想を持っているほうがおかしい」と言っています。つまり、『甘えの構造』は「もっと甘えろ」、『バカの壁』は「わかり合えると信じるほうがバカだ」という内容であり、三十数年のタイムラグで、まったく逆の本がベストセラーになったわけです。

どちらが正しくて、どちらが間違いかとは一概には決められないけれど、たぶん土居先生の言っていることのほうが、日本人的ではあると思います。「おもてなし」もそうだし、東日本大震災のときの支え合いもそうでしょう。

日本の決定的にまずい点は、日本のよかったものを捨て去って、海外が止めた悪いことを真似することです。日本型のよかったところを捨て去っても、新たに海外のよいところを真似すればまだましだけれど、アメリカで言われているところのEQの理論であれ、精神分析の世界で言われている相互依存の話であれ、日本型の人間関係なるものが世界で評価されるようになってきているのに、アメリカが捨てつつある「自立」という古い理念を日本は追いかけている。大学入試改革はその典型的な例であり、まことに残念でなりません。

日本型の人間関係というものを、もう一度見直してもいいと思うのです。

ただし、養老先生の説も、人の話、とくに権威とされる人の話を素直に信じすぎる（私は人は信じていいと思いますが、人の話や情報を疑う――ほかの可能性も考えられる――能力は大切だと思っています）日本人には重要な警句となっているとは思いますが。

注1 『バカの壁』 東京大学名誉教授の養老孟司が二〇〇三（平成十五）年に新潮社から出した著書で、ベストセラーになった。

エピローグ　「日本一強」になる気概を持とう

日本人の知的レベルは教育さえきちんとすれば、世界の上位に戻れる

日本は油断していると思います。知的レベルの維持向上に対するスタンスが典型的です。学力にしても、科学技術力にしても、中国や韓国に絶対負けないと思ってきた。しかし、いまや負け始めています。

一年、二年のスパンではわからないけれど、十年、二十年の積み重ねの結果、考えられないような逆転が起こる。それは戦争で全部焼けてしまった日本が、GDPで世界二位になったことを見ればわかることです。「ジャパン・アズ・ナンバーワン」（注1）といわれたのが一九八〇年代の話だから、戦後たった四十年で一位のアメリカを脅かすところまで持っていった。一方、明治維新から七十年が経過していた太平洋戦争前の時、アメリカとの国力の差は結構大きかった。戊辰戦争で国土が焦土《しょうど》になっていなかったのに、死ぬ思いで

努力し、七十年かかって、ようやく世界で六、七位ぐらいのレベルでした。戦前の日本の発展も目覚ましいものがあったけれど、それを上まわる発展が、敗戦後のきわめて不利な状況下で達成されたのです。逆にいえば、油断していると、他の国に追い抜かれることは今後十分にあり得る話なのです。

戦前もそうだし、戦後もそうだけれど、奇跡的な発展は日本人の勤勉さもさることながら、知的レベルの高さが大きな要因だったと、私は思っています。その意味では「いかに知的レベルを高め、国力を引き上げるか」をこれからも考えて欲しいところです。

理系のノーベル賞受賞者はたくさん出ましたが、戦前、戦後まもない頃からの蓄積があってのことで、これから先はどうなるかわかりません。二〇一七年度はゼロでした。

また、欧米発の世界の大学のランキングが正しいかどうかは別としても、日本の大学の地位は少し下がってきて、中国の大学が上がっている。英国の教育専門誌『タイムズ・ハイヤー・エデュケーション』が発表した二〇一七年の世界大学ランキングによれば、東大は昨年より七位下がり、過去最低の四十六位になりました。アジア地域でも四位から六位に後退しています。日本では京大が七十四位に入っただけ。シンガポール国立大学は二十二位。北京大学は二十七位。清華大学は三十位です。香港大学は四十位。香港技大は四十四位です。みな東大より上位です。あと二、三十年経ったら、ノーベル賞を獲るのは中国人ばかりになるかもしれません。そういう危機意識を持って、「皆さん、頑張って勉強しましょう」と、子どもたちを励ます必要があります。

私が見るところ、日本人は地頭は悪くないから、教育さえきちんとすれば、また世界の上位に戻れるでしょう。しかし、このまま油断が続いて、入試改革が放置されたりすればまずいと思います。

二〇二〇年度〔二〇二一年春実施〕の入試改革では、「ペーパーテストは古い」とされています。そして東大を含むすべての国立大学でAO入試のようなことをしないと予算を削る（変えれば予算をつけると書かれていますが、大学予算のパイが同じならやらないと削るということになります）という最終答申が出されています。役人がやっているのか、安倍政権がやっているのか、それとも期せずしてやっているのか、わかりませんが、残念ながらいろいろな形で保守すべきものが崩れそうになっている。「日本のよかったところを守っていこう」と、われわれが声を大にして言わなくてはいけないと思います。

注1「ジャパン・アズ・ナンバーワン」 アメリカの社会学者エズラ・ヴォーゲルが一九七九年に出した著書のタイトルだが、一九八〇年代の日本経済黄金期を語るときにも使われる。

「日米安保条約があるから守ってもらえる」と思うのは甘い

本文でも指摘したように、私は日米安保条約をあまり評価しない立場です。冷戦時代に「日本を守らないとまずい」とアメリカが考えたのは確かであり、そういう国であったことは誇るべきですが、「安保条約があったから、日本が守ってもらえた」と考えるのは甘い発想といっていいでしょう。

日本人は条約を結んだらきちんと守らなければいけないと考えますが、相手も同じだと思うのは誤認です。条約があったとしても、「絶対に守ってくれる」とは限りません。私は条約よりも「実態」のほうが大きいと思います。アメリカが国交のない台湾を守るのは、それが自分の利益になるからだし、自分の得にならないと考えたからアメリカは地球温暖化を防止するためのパリ協定を破棄した。そういう意味では、「条約さえつくれば大丈夫」「条約があるから自動的に守ってもらえる」という発想は油断を招くものでしかないと言うべきです。

われわれは「実態として日本が守りたくなる国になるための努力」をすることが必要だと思います。たとえば、日本が攻められたときにアメリカから兵隊を出させたいのであれば、前に述べたラストベルトやスーパー・チューズデーの州で親日的な下院議員や上院議員をつくっておく。あるいは、情報機関を使って国民レベルに親日的な世論を形成しておく。そうでないと、いざというとき、「ちゃんと兵隊を出さないといけない」「予算をつけなければいけない」という気運がアメリカで生じない危険性があります。いくら大統領に媚びを売ったところで、議会へのロビー活動を怠って議会が承認せず予算をつけてくれなかったら、日本防衛のための派兵は難しくなります。

戦前、中華民国の蔣介石が妻の宋美齢をアメリカに送り込み、親中国の世論と反日の世論をつくるのにものすごい努力をした。嘘も方便のニセ情報もばらまきました。一方、日本も、アジアでそれなりに親日的な世論をつくっていた。外国に攻めて来られる心配をするより、「この国は文化があるから、空爆をやってはダメだ」「この国を他国に取られたら損するから、守らなければいけない」となるようにするべきだと私は思います。

戦争に負けてからしばらくの間は、日本も相当努力していました。しかし、この二、三十年、「国外における親日的な世論の醸成」や「裏で駆け引きをする外交」をあまり考えなくなっている。ここにも「日本の油断」があると思います。

できの悪い子を減らして国を強くする

百田尚樹さんが『今こそ、韓国に謝ろう』で、「韓国にハングルを教えてあげてごめんなさい」などと書いています。あれはブラックジョークにしても、一つだけ確かに言えるのは、日本が統治した地域が戦後、経済発展していることです。そういうところは戦後も日本型の教育をしているから、たぶん日本型教育がよかったのでしょう。

日本が占領した後、日本の真似をした国も発展しています。代表的なのはシンガポールです。いまやシンガポールのほうが日本より一人当たりのGDPがずっと多くなりました（注1）。そのシンガポールは詰め込み教育をやってきた。それも英語と中国語の両方でやったから、日本の倍ぐらいの詰め込み教育です。シンガポールの指導者だったリー・クアンユー（注2）は日本型教育に感謝すると言っています。マレーシアのマハティール（注3）もそうです。みんな、日本のシステムを評価して子どもたちにハードな勉強をさせています。だからこそ大学ランキングも向上したのでしょう。

ところが、肝心の日本がゆとり教育をやり、バカげた入試改革をやろうとして（これは今からでも止められるのですが、まったくその機運が上がっていません）、勉強しない国になっています。この国の人たちは、自分たちが持つ「優れたもの」に対する認識が甘いし、それを守らなければいけないという意識も乏しいと思います。

日本は戦前は自国宣伝がうまく、戦争に負けたものの、結果としてアジアをすべて独立国にし、親日的な国にしました。それが中国や韓国の「反日宣伝」によって、その業績が消されようとしています。「何をやっているのだ」といいたくなります。挙句の果てに、国外に知的財産が持ち出されても、ノーベル賞を獲ろうものなら、その人を国民の英雄みたいに持ち上げる。かたやアメリカで研究した人が日本に持ち帰ろうとしたら、スパイで訴えられる。この甘さを何とかしないといけません。

現在の日本は貿易黒字をため込んで資産があります。だから、若い人にハングリー精神が減って来ても、その遺産で日本はなんとかなっているという感じですが、いくら蓄積があったとしても、食いつぶしたら終わりです。悪いことに、国は借金まみれで、国の借金は一千兆円ある。国の資産も同じぐらいあるから平気だという人もいるけれど、いろいろな事情があったとしても、森友問題のように国有地を安売りされては困ります。

では、国を強くするには、どういう形で教育を復活させるのか。

アメリカでブッシュ大統領時代に実行された教育改革は、平均点の低い学校の補助金を減らすという考え方でした。教師に対するインセンティブシステムで、学力をつけようとしたわけです。フィンランドは逆に、できの悪い学校ほど補助金が多く、できの悪い子をみっちり教える。フィンランドとアメリカは反対のモデルを提示しています。

「昔のようにクラスの人数が多いと、いろいろな子どもがいるからいい」という説もあります。しかし、私はクラスの人数を減らすほうがいいと考えています。灘という学校にいたからわかるのだけれど、できる子だけが集まっている分には、クラスに百人いても大丈夫です。でも、できない子をできるようにするためには、クラスは小さくないといけません。

フィンランドのやり方だと、できの悪い子の比率が減ります。子どもの出生率が二人として、社会（これからのAIの時代で通用するレベルという意味ですが）で使い物にならないできの悪い子どもが三割いれば、生産性は出生率一・四人と同じです。ならば、出生率が一・二人でも、みんなのできがよければ、それでもいいというのが私の考えです。

当面は少子化対策をいくら頑張ったところで、出生率が二に戻ることは考えにくい。日本がめざすべきは、一人当たりの生産性を倍に上げていくことであり、そのほうが国を強くする教育として現実的です。

注1 シンガポールの一人当たりのGDP IMFが発表した一人当たりのGDP（二〇一五年）では、五万二千八百八十八ドル。日本は三万二千四百七十九ドルだった。

注2 リー・クアンユー（一九二三〜二〇一五年） シンガポールの初代首相で、経済発展を主導。

注3 マハティール・ビン・モハマド（一九二五年〜） マレーシアの第四代首相。日本の経済成長を見習う「ルックイースト政策」などで、国力を伸張させた。

子どもが日本に誇りを持てるようにする

ではどういうふうに再スタートしていくべきか。「日本は、古来より頭がいい人の国なのだから、おまえたちも頭がいいはずだ」という教育からスタートさせたらいいと思います。そして、最終的に子どもが日本に誇りを持てるような国にしないといけません。

いま一番まずい点はそこです。日本人は賢いとか、日本は文化があるとか、戦後の一時期、戦前の一時期は子どもが日本に誇りを持っていた。子どもたちが「この国はいい国だ」と思うかどうかが、「どういう時代の日本がよかったか」を判断する大事なポイントです。だから、子どもが直感的に「俺たちは頑張ったってこの国では出世できない」と思ってしまう時代は悪い時代ということになります。一族を重用したマルコス時代のフィリピンがそうでした。それが「格差社会はいけない」と私が考える理由の一つです。

教育ということで言えば、歴史教育も見直す必要があります。日本という国の文化と歴史に誇りを持たせないことには何事も始まりません。ところが、ほとんどの国は自国史が必修科目で、アメリカならアメリカ史を徹底的に教えるし、非常に不愉快だけれど、韓国もねつ造した歴史であれ自国史を必死になって教えているのに、日本では高校では日本史が必修ではない。日本はきちんとした歴史教育が必要です。その際、戦前の美化の仕方にこだわるからトラブルになるのです。明治時代ぐらいまでだったら、いくら美化したところであまり文句を言われないでしょう。

日清、日露戦争の頃までなら、司馬遼太郎さんの影響もあってまだいいとして、「戦前、日本は無謀な戦争を一方的に仕掛けたから日本は悪いことをした」という自虐的すぎる現代史の教育を変えることも大事ですが、それ以前の日本の偉人や華やかりし歴史を教えることはもっと大事だと思います。三浦朱門さんが著書で書かれたはずですが、いまの歴史教科書は偉人のことをあまり教えないらしいのです。でも、誇りを持たせるためには祖国の偉人を知ることが一番効果的です。

ただし、野口英世（注1）のようなインチキな人を偉人として扱うのではなく、きちんとした人を紹介する必要があります。野口英世は黄熱病の研究をしただけで、ウイルスやワクチンを発見したわけではありません。自分が黄熱病で死んだから同情を集めただけの話でしょう。しかも、ロックフェラーの研究所にいて、いわゆる模倣論文ばかり書いていた。別に偉い人でも何でもないのに、そんな人が偉人とされるのは自己宣伝力がやたらに高かったからです。

宣伝がうまいだけの人というと、坂本龍馬もそうです。司馬遼太郎が『竜馬がゆく』を書いて褒めたから有名になったけれど、高知の人に聞いたら『竜馬がゆく』が出る前はほとんど知られていない存在で、高知の偉人といったら板垣退助だったそうです。「板垣死すとも自由は死せず」で教科書に出て来るし、お札（百円札）にもなっています。いま、高知空港が龍馬空港と呼ばれるけれど、吉田茂空港のほうがまだ許せます。

それはさておき、野口英世と比べて、北里柴三郎（注2）は破傷風菌のトキソイドは見つけたし、ペスト菌も見つけていて、業績からいうと圧倒的です。ノーベル賞を獲らなかったのがおかしいぐらいです。

評価されてもいい人は、北里も含めて大勢います。日本人として誇りを持てる人を教えて欲しいものです。

注1　野口英世（一八七六〜一九二八年）　細菌学者。黄熱病や梅毒等の研究で知られるが、業績の一部は現在、否定されている。黄熱病の研究中に罹患《りかん》して亡くなった。

注2　北里柴三郎（一八五三〜一九三一年）　医学者・細菌学者。破傷風菌の純粋培養に成功し、破傷風の血清療法を開発した。「日本の細菌学の父」と呼ばれる。

根拠のない自信がうぬぼれを生み、うぬぼれが油断を生む

本書では「われわれは何を守るか」ということとともに、「日本人が油断してはいけない」ということも指摘してきたつもりです。

「日本人は勉強の好きな国民性」

「日本人は手先が器用だ」

「日本は治安がいい」

こういった日本の誇るべき特徴を当たり前のように思ってしまうと、それを絶やさないための努力が不要のように考えがちです。でも、手先の器用さ一つを取ってみても、ちゃんとしたトレーニングをしていないと維持できません。日本の食事がおいしいことだって、消費者の要求水準が下がってきたり、子どもたちが寿司も含めて大量生産型のファストフードをありがたがり、人工甘味料で育ってきたりすると、レベルが落ちて来るのは当然のことです。

格差が小さい一億総中流の頃は、それほど経営者が強欲ではなかったことなど、誇れることはたくさんありました。徐々にではあるけれど、それらが崩れてきています。そろそろネジを締め直さなければいけない。ところが、幸か不幸か、安倍さんが政権を取ったら、

保守の人たちが浮かれてしまった。そこが非常にまずい状況だと思うのです。二〇一七年十月の総選挙でも、教育問題など何の争点にもなりませんでした。

保守の人たちは、「戦後民主主義」の流れの中で、これまでいろいろといじめられてきて、鬱屈したものがあっただろうけれど、だからといって油断していいという話ではありません。

「日本は大丈夫だ」と論じる人たちは、根拠のない自信を持っているように感じることがあります。根拠に基づいた誇りはいいのですが、誇りを持つために根拠がないまま「日本はいい国だ」と言っていると、うぬぼれてしまう恐れがある。つまり、根拠のない自信がうぬぼれを生み、うぬぼれが油断を生む。子どもたちに誇りは持たすべきだけれど、油断をしてはいけません。

保守がこれまでのよかったところを守ろうとすればするほど、「誇れる部分」に油断が生じ、知らないうちにスルスルッと落ちてしまう恐れがあります。最初に落ちて来たものが学力だと私は思っていますが、他のものも落ちてこないとは限りません。

「安倍一強」ではなく「日本一強」になるぐらいの気概を持って、これからの日本はやっていくべきなのです。本書が、本当の意味での「保守」を考えるための一助となれば幸いです。

和田秀樹（わだ・ひでき）

国際医療福祉大学大学院教授。川崎幸病院精神科顧問。和田秀樹こころと体のクリニック院長。1960年、大阪市生まれ。東京大学医学部卒業。東京大学医学部付属病院精神神経科助手、米国カール・メニンガー精神医学校国際フェロー、浴風会病院精神科を経て現在に至る。2004年第五回正論新風賞受賞。著書に『感情的にならない本』（新講社）、『テレビの大罪』（新潮新書）、『医学部の大罪』（ディスカヴァー21）、『悪口を言う人は、なぜ、悪口を言うのか』『だから、これまでの健康・医学常識を疑え！』（ワック）、『大人のための勉強法』『老人性うつ』（PHP新書）などがある。

私《わたし》の保守宣言《ほしゅせんげん》

2017年11月19日　初版発行

著　者　和田　秀樹

発行者　鈴木　隆一

発行所　ワック株式会社

東京都千代田区五番町4-5　五番町コスモビル　〒102-0076
電話　03-5226-7622
http://web-wac.co.jp/

印刷人　北島　義俊
印刷製本　大日本印刷株式会社

ISBN978-4-89831-766-2